캐릭터 생존전략 34

글/goose

이음S&C

prologue

일단 어떻게 불러야 할지부터 정해야겠다.

디자이너와 작가의 경계는 어디일까? 그게 그거 아니냐고? 찬찬히 따져보자.

둘 다 창작을 한다는 건 다를 바 없다. 차이는 누구를 향해 창작하느냐에 있다.

디자이너의 창작 행위는 타인을 향한다. 기능성, 편의성, 심미성을 고려한 나름의 생각으로 문제를 해결함으로써 타인을 만족시킨다.

작가의 창작 행위는 자신을 향한다. 드러내고자 하는

심상(心像)을 나름의 방식으로 타인에게 보여줌으로써 스스로를 만족시킨다.

고로 남이 좋아할 만한 걸 만드느냐, 내가 좋아하는 걸 만드느냐 사이에 경계선이 그어진다.

캐릭터를 그린 애초의 행위는 타인을 향한 게 아니다. 생각을 표현하며 자신의 즐거움을 찾는 마음에서 비롯된다. 타인의 만족보다 자신의 만족을 추구했던 마음과 행동이 무엇보다 앞선다. 나와 같은 생각을 느끼게끔 타인을 설득하는 건 그다음이다.

그림을 빌려준 대가로 돈을 받는 것이 캐릭터 산업의 본질인 만큼 캐릭터를 그리는 행위가 상업예술 활동을 지향한다 할지라도 창작의 원초적 동기는 순수예술 활동에 근거한다는 말이다.

하여 다른 데서는 어떨지 몰라도 여기서는 전업으로 캐릭터를 그리는 사람을 작가라 부르기로 한다. 땅·땅·땅!

책을 쓰기로 마음먹은 건 우연에 가깝다. 귓전을

스친 그의 말이 곤히 잠든 전두엽을 마구 흔들어 깨울 줄이야.

"작가 멘토링 프로그램이나 강의 같은 데 나가보면 받는 질문이 매번 비슷해요. 캐릭터 사업을 하려는데 뭘 준비하고 어떻게 해야 할지를 잘 몰라요. 그림은 잘 그리는데 막상 팔려고 하니 아는 게 없어 막막한 거죠. 심지어 기업에서 일하는 라이선싱 담당자가 잘 모르는 경우도 허다해요. 왜 그런지 아세요? 정보가 흐르지 않아서 그래요. 끼리끼리 아는 사람들만 알거든요. 그러니 가이드 북 같은 게 있으면 얼마나 좋겠어요? 사업이야 각자 알아서 하겠지만 사업에 필요한 기초 정보 같은 걸 문서로 딱 정리해 놓으면 누구든지 쉽게 알 수 있잖아요?"

그렇다. 학교든 어디서든 그림 그리는 건 배웠지만 팔려면 뭘 어떻게 해야 할지는 그 어디서도 배우지 못한 거다.

인터넷을 뒤지니 학술서나 시장 동향 관련 책은 더러 있더라만 캐릭터의 ABC, 사업의 ABC를 짚어주는 입문서나 실무서는 찾아보기 어렵더라.

그래서 결심했다. 말로만 떠돌던 ABC를 종이에 단단히 붙들어 매 놓을 결심. 그리고 암약하는 은둔 고수들을 찾아 도움을 청했다.

"초보 사장님들을 위해 지식 좀 기부해주세요!"

그렇게 접선에 성공한 6인의 고수를 멘토로 모셨으니 바로 김용진 서울디지털대학교 디자인학과 교수, 윤혜지 하얀오리 대표, 이주성 서울머천다이징컴퍼니 대표, 조현경 로그인디 대표, 박준홍 핸드허그 대표 그리고 내 전두엽을 마구 흔들어 깨운 그, 이승용 치킨라이스콘텐츠 대표 되시겠다.

책 내용은 크게 두 갈래다. 사람의 마음을 얻는 캐릭터를 만드는 방법, 그리고 라이선싱 실무에 관한 것이다.

사실 이 책은 "이렇게 하면 돈 번다"란 비법을 말하지 않는다. 그간 현장에서의 수많은 경험으로 체득한 통찰로 "사람의 마음을 얻으려면 이렇게 해보라"

고 권할 뿐이다.

창작자 시점의 단편적인 성공담 대신 마케터 시점에서 사업가로서 지녀야 할 애티튜드(attitude)와 팔릴 만한 캐릭터의 필수 요소를 짚는다. 대박 치는 요령 대신 쪽박 차지 않는 요령을 일러준다.

신기한 건, 사람도 다르고 분야도 다르고 물어본 질문이나 만난 시간 그 어느 하나 겹치지 않았음에도 이들이 가리키는 손가락은 모두 한곳을 향하더란 것이다. 신나서 부지런히 적극적으로 해야 한다고. 태도가 차이를 만든다는 말일 게다.

캐릭터 비즈니스 분야는 비교적 공정하다. 스펙 따윈 필요 없다. SNS 계정 하나 열면 사업 시작이다. 호감을 얻느냐 마느냐로 성패는 결정된다.

로또 마냥 언제 어디에서 터질지 모르는 무한 가능성을 향한 꿈과 희망이 이 시장을 지탱하고 움직이게 하는 가장 큰 원동력이다.

그런데 성공으로 가는 길은 험난하다. 성공하니 살

아남는 게 아니라 살아남으니 성공하는 것이 요즘이다.

  이 책이 긴 여정에 나서는 이들에게 작은 도움이 되면 좋겠다. 출간에 도움과 응원을 아끼지 않은 모든 이에게 깊은 감사의 마음을 전한다.

  말이 길었다. 이제 멘토들의 생존전략 강연을 시작한다. 행운을 빈다.

2024년 6월

goose

survival strategy
CONTENTS

이모티콘 김용진 서울디지털대 디자인학과 교수 / 013-053

01. 그림 재능보다 '존버' 스피릿
02. 이쯤은 돼야 100만 원 번다
03. 마법의 주문을 외워라 "너 같으면 사겠냐?"
04. 내 연예인을 알릴 사람은 매니저뿐
05. 승패가 결정되는 건 찰나의 순간
06. 이모티콘도 캐릭터다?

디자인 윤혜지 하얀오리 대표 / 057-087

07. 이모티콘과 캐릭터는 표정이 다르다
08. 세계관을 어떻게 보여줄 것인가?
09. 통하는 컬러, 통하는 소재, 통하는 그림
10. 매뉴얼 북의 필수 요소
11. 작가는 무조건 '덕후'여야 한다
12. 출판단지로 갈지 소품 숍으로 갈지 분명히 정하라

스토리 이주성 서울머천다이징컴퍼니 대표 / 091-124

13. 캐릭터의 시조 '피터 래빗'
14. 소비자는 이야기를 산다
15. 틀리든 맞든 열심히 '썰'을 풀어보자
16. 궁합이 맞는 파트너는 따로 있다
17. 이야기를 디자인으로 풀어내라
18. 오래 가려면 타깃을 좁혀라
19. 당신의 솔깃한 제안을 마케터는 기다린다

브랜드 조현경 로그인디 대표 /129-159

20. 소비자가 불러줘야 브랜드가 된다
21. 만만한 브랜드가 소유욕을 높인다
22. 내 팬이 있을 곳을 찾아라
23. 소비자에게 선택권을 넘겨 새로운 스토리를 만들어라
24. 스토리텔링으로 캐릭터를 각인시켜라

플랫폼 박준홍 핸드허그 대표 /163-186

25. 쑥쑥 크려면 플랫폼에 올라타라
26. 어떤 상품과 연결해 감성을 전달할 것인가?
27. 10~20대 여심이 팬덤의 바로미터
28. 굿즈보다 콘텐츠 먼저 챙겨라

라이선싱 이승용 치킨라이스콘텐츠 대표 /191-238

29. 라이선싱은 내 IP를 남에게 '빌려주는 것'
30. 어른들은 종이에 써진 것만 인정한다
31. 제안서는 간결하게, 명함 글자는 크게, 전화번호는 필수
32. 로열티는 이 정도를 제시하라
33. 세상의 중심은 나, 계약서는 길수록 좋다
34. 라이선시를 춤추게 하라

이모티콘
emoticon

김용진
서울디지털대 디자인학과 교수

SURVIVAL STRATEGY   01

그림 재능보다 '존버' 스피릿

  이모티콘은 과연 뭘까요? 이모티콘이 왜 필요한지 생각해 보신 적 있나요? 제 생각은 이렇습니다.

  '내가 지금 너한테 화가 많이 났는데 이걸 말하기엔 좀 민망하고 그렇다고 화를 안 내면 내 마음이 편치 않으니 내 서운한 기분을 네가 좀 알았으면 좋겠어' 라는 마음을 상대가 기분 나쁘지 않게 돌려 전할 수 있는 그림이에요.

  상대에게 전하고 싶은 이런저런 긴 말을 한 장의

이미지로 함축한 게 바로 이모티콘입니다.

해외에서는 이모티콘을 이모지(emoji)라고도 불러요. 라인 메신저에서도 이모티콘을 스티커로, 이모지를 이모티콘이라 부르죠.

이모티콘과 이모지를 혼용해 말하기도 하는데 개념이 좀 달라요.

글과 따로 분리돼 독자적으로 쓰이는 그림 메시지가 이모티콘, 글 사이에 웃거나 찡그린 표정 같은 이모티콘 모양을 넣을 수 있는 특수기호가 이모지예요.

이모티콘은 10대 여학생부터 30~40대 여성 직장인 사이에서 가장 많이 팔리는 추세예요.

예전에는 10~30대가 주 소비층이었는데 요즘에는 50대 이상도 이모티콘을 많이 사요. 과거에는 웃어른에게 이모티콘 보내는 걸 꺼렸는데 지금은 세대와 상관없이 편하게 쓰다 보니 소비자층이 날로 넓어지고 있어요. 그래서 제가 볼 땐 요즘은 카카오가 어르신들이 살 만한 이모티콘도 많이 뽑아주는 경향이 있는 것 같아요.

이모티콘 작가의 문은 활짝 열려 있어요. 누구나 될 수 있습니다.

제가 가르치는 수강생 중에는 10대부터 60대 이상 어르신까지 연령대가 다양해요. "이모티콘 그리면 대박 난다던데요?"라며 찾아오신 분들이죠.

그저 컴퓨터만 켤 줄 아시는 분, 심사에 백 번 가까이 떨어져 합격할 묘안을 찾으러 오신 분, 이모티콘으로 삶의 전환점을 만들려는 분, 모두 나름의 사연이 있어요.

그들의 간절함과 열정을 보면 절대 소홀히 대할 수가 없어요. 수업 때마다 보면 그림을 정말 열심히 그리시는데, 꼭 작가로 데뷔해 성공해서 돈 많이 버시길 응원해요.

이모티콘을 그리면 단번에 큰돈을 벌 수 있다고 생각하는 분들이 많아요. 영 틀린 말은 아니에요. 처음 그린 이모티콘이 대박 난 사례가 많으니까.

그래서 '본업도 하면서 짬짬이 이모티콘을 그리면 돈 좀 벌 수 있겠다'라고 생각합니다. 누구나 언제든지 몇 번이고 도전할 수 있고, 합격하면 힘들이지 않고 액수가 많든 적든 돈을 벌 수 있으니 얼마나 좋습니까? 그러다 벌이가 나아지면 '전업 작가가 되리라' 며 부푼 희망도 품게 되죠.

그런데 이모티콘 작가는 누구나 될 순 없어요. 자질이 있어야 해요. 어떤 자질이냐?

그리는 스킬이나 능력은 얼마든지 배워서 키울 수 있으니, 그건 문제가 아니에요. 물론 디지털 작업 환경에서 그림 파일을 생성할 수 있는 기본적인 소양은 필요해요.

중요한 건 내가 이모티콘에 얼마나 흥미를 갖고 있느냐는 거죠.

카카오 이모티콘 심사 접수 버튼을 클릭한 다음부터는 떨림의 연속입니다. 카카오가 보낸 편지를 오매불망 손꼽아 기다립니다. 묘한 중독성이 있어요. 복권 추첨일을 기다리는 것처럼 말이죠. 두근거림과 가슴 벅찬 설렘으로 하루하루를 보냅니다. 하루에도 수십 번씩 메일함을 들락거릴 거예요.

심사 결과가 나오기까지는 2~4주 정도 걸립니다. 발표 날짜가 정해진 건 아닌데 보통 화요일부터 금요일 사이에 결과를 알려줘요.

심장 쫄깃한 인고의 시간을 보내면 마침내 카카오에서 보낸 공포의 이메일이 도착합니다.

합격하면 파란색 문구, 떨어지면 빨간색 문구가 쓰인 편지가 날아와요. 현실과 가상 세계를 선택하라며 주인공에게 빨간 약과 파란 약을 내미는 영화 〈매트릭스(The Matrix, 1999)〉의 한 장면이 떠오를 거예요.

쿵쾅거리는 가슴을 진정시키고 메일을 열었을 때, 파란색이 보이면 집에 플래카드 걸고 광란의 파티를 벌일 준비를 하겠죠?

그러나 빨간색이 보인다면, 어깨를 축 늘어뜨리고 '내 인생이 그러면 그렇지 별거 있니…, 역시 난 재능이 없어, 앞으로 어떻게 살아야 하나…' 라는 생각과 함께 깊은 상실감에 빠질 겁니다.

심사에 넣을 때마다 매번 떨어지면 멘탈이 흔들리기 시작합니다. 패배감에 사로잡혀 삶이 무기력해져요. 몇 번 떨어지면 '나랑 안 맞나 보다' 라면서 다신

거들떠보지도 않는 분들도 많아요. "그림 하나만 잘 그리면 몇억을 번다더라"란 말에 꽂혀서, 염불보다 잿밥에만 관심이 크다 보니 버티질 못하는 거죠.

제아무리 열심히 해도 도전할 기회가 없으면 빛을 보기 힘들잖아요? 이모티콘 작가는 무한한 기회가 있어 굉장히 매력적이죠. 그런데 이모티콘 하나가 뜨려면 시간과 정성과 노력을 쏟아야 해요.

그래서 작가에게는 그림을 향한 주체하지 못할 만큼의 흥미와 흔들림 없는 굳건한 '존버' 정신이 필요합니다.

꾸준히 응모하고 계속 떨어져 보면서 어떤 이모티콘이 합격하는지 감을 잡는 게 매우 중요해요. 그러려면 흥미를 잃지 않고 계속 그림을 그릴 수 있어야 해요. 엉덩이가 무거워야 합니다.

얼마나 많이 떨어졌느냐가 얼마나 합격선에 다가갔는지를 알 수 있는 척도라고 봐요. 이름 좀 있는 작가들도 열 개 넣으면 겨우 한두 개 붙어요. 수강생 중에서 합격률이 높았던 작가들이 하는 말이에요.

"내가 얼마나 많이 떨어져서 이만큼 붙었는지 사람들은 모를 걸?"

떨어지는 걸 두려워하지 말아야 해요.

SURVIVAL STRATEGY　　02

이쯤은 돼야
100만 원 번다

　우리나라에서 카카오 말고도 이모티콘을 팔 수 있는 곳이 있어요. 바로 라인과 OGQ죠.

　카카오는 국내에서 가장 많이 쓰는 메신저지만 라인은 전 세계가 사용하는 메신저예요. 사실 우리나라에서나 카카오 쓰지 외국에 나가면 잘 몰라요.

　라인은 일본, 중동, 동남아시아를 중심으로 100여 개가 넘는 나라에서 사용하고 있어요. 당연히 국내보다 해외 이용자가 많겠죠?

　라인을 가장 많이 쓰는 나라는 일본입니다.

라인은 원래 네이버 일본 법인이던 네이버 재팬이 출시한 모바일 메신저인데요, 일본에서는 우리나라의 카카오톡처럼 일상에서 빼놓을 수 없는 국민 앱이 됐어요.

라인에 이모티콘 심사를 신청하면 합격률은 얼마나 될까요?

제가 볼 땐 99.9%입니다. 다 받아줘요. 심지어 떨어지면 왜 떨어졌는지도 친절히 알려줘요. 그걸 고쳐서 다시 신청할 수 있다는 것도요. 뭐 물어보면 한 이틀이면 답변이 옵니다. 무지 빠르죠? 다만 큰 수익으로 이어지는 사례는 카카오에 비하면 상대적으로 적어요.

작가들이 카카오에 넣었다가 떨어지면 그제야 라인이나 OGQ에 눈을 돌려요. '어차피 돈도 못 벌 건데…'라는 패배감에 빠진 그런 분들에게 전 이렇게 말해요.

"당신은 어쩌면 조그마한 한국 시장이 아니라 해

외시장에 걸맞은 글로벌 감성을 가진 분일 수도 있으니, 세계인이 마음에 드는 이모티콘을 그려봐요."

이왕 만든 거 카카오뿐 아니라 다양한 플랫폼에 넣어보라고 하는 거죠. 전 세계 이모티콘 작가들이 치열하게 경쟁하는 곳이지만 일단 넣으면 뽑힐 확률이 높으니까.

라인에서 뜨면 카카오에서 얻는 수익의 10배에 이를 것으로 추정하기도 해요. 시장 자체가 크니 수익도 큽니다. 게다가 이모티콘이 팔리면 돈을 엔화로 받아요. 원화 가치가 떨어지면 환차익도 기대할 수 있죠.

제가 가르친 분 중에 라인 이모티콘만 전문으로 그려 수익을 짭짤하게 올리는 작가도 꽤 있어요.

이 분들은 일본에 자주 가서 타깃층의 최신 유행이나 라이프스타일을 연구해 그림에 담으려고 노력하시더라고요. 영어 멘트는 기본이고 일본어 멘트도 만들어 넣어요. 이모티콘을 현지 문화와 정서에 맞게 구성하는 게 성공 포인트죠.

OGQ의 이용률은 카카오, 라인과 조금 격차가 있는데요, 최근 다른 플랫폼과 합작해 쓰임새를 늘려가고 있어요.

마음에 드는 아프리카 방송 BJ가 있으면 그를 소재로 이모티콘을 만들어 쓸 수 있게 한 다음, 거기서 나온 수익금을 BJ와 나눠 갖는 방식으로 창작자들의 참여를 끌어내고 있어요.

OGQ가 카카오, 라인과 좀 다른 건 이모티콘보다 작가를 띄워주려고 한다는 거예요. 자신만의 페이지를 만들고 굿즈도 팔 수 있게 해줘요. 어느 정도 꾸준히 팔리는 이모티콘이라면 플랫폼이 전략적으로 키워주려고도 하죠. 플랫폼이 에이전시의 역할을 하고 있다고 보면 돼요. 그래서 어떤 작가의 그림이 인기가 있는지 주시하고 있어요.

OGQ에서 활동하는 작가들 말을 빌리면, 첫 달에 몇천 원에서 몇만 원 정도 번다고 해요. 액수의 크기보다는 이모티콘을 개발해 활동하고 있다는 걸 보여주는 데 더 의미가 있다고 봐야죠. 물론 이곳에서도 성공한 작가들은 몇천만 원대의 수익을 내기도 해요.

이모티콘을 팔 수 있는 곳이라면 어디든지 올리는

게 좋아요. 많이 뿌려놓으면 눈에 많이 띌 수 있으니까요.

"카카오에 합격한 걸 다른 플랫폼에 올리면 안 된다더라", "다른 데 올린 게 있으면 합격을 취소한다더라" 이런 말들이 있는데요, 라인이나 OGQ는 카카오에 합격한 이모티콘도 다 받아줍니다. 카카오도 라인이나 OGQ에 합격한 이모티콘을 받아줘요.

그런데 카카오에 합격한 이모티콘을 다른 플랫폼에 그대로 올리면 안 돼요. 카카오에서 내리라고 바로 전화가 옵니다. "우리 걸 다른 데 올리면 안 돼. 근데 다른 곳에서 잘된 건 우리도 받아줄게" 뭐 이런 심보랄까요?

그래서 저는 이모티콘을 세 군데에 다 올리는 걸 추천해요. 고민하지 말고 카카오, 라인, OGQ에 동시에 넣고 합격하는 대로 팔면 됩니다.

계속 만들어서 넣고, 떨어지면 다시 도전하는 게 중요하다는 걸 잊지 마세요.

이모티콘 작가가 되면 얼마나 벌지 가장 궁금해

하실 것 같아요.

이건 공식적으로 집계하거나 발표한 게 없어서 정확히 알 순 없어요. 다만 2021년에 카카오가 이모티콘 출시 10주년을 맞아 내놓은 자료를 보면, 10년 동안 1억 원 이상의 누적 매출을 올린 이모티콘은 1,392개, 10억 원 이상을 번 이모티콘은 92개라고 해요. 이모티콘 1개로 이런 수익을 낼 순 없어요. 시리즈가 쌓이고 꾸준히 팔려서 이만큼 벌었다는 겁니다.

또 어느 신문 기사에 따르면 2011년 11월 이모티콘이 처음 나온 이후 2022년까지 출시된 전체 누적 개별 감정 표현 이모티콘은 50만 개인데, 이 중 40%에 해당하는 20만 개가 지난해 출시됐고 누적 매출 100억 원을 넘긴 초대박 이모티콘은 11개, 매출 10억 원을 넘긴 이모티콘은 116개라고 합니다.

이모티콘 수익은 상대적이에요. "상위 10위권에 올라 그중 몇 등을 하니 얼마를 번다"라고 딱 잘라 말할 수 없어요. "내가 얼마를 벌 만큼 팔렸기 때문에 몇 등을 한다"라고 말하는 게 더 정확해요.

그래도 대략 수익이 어느 정도인지 가늠할 수 있는

추정치는 있습니다.

업계의 여러 의견을 종합하면, 카카오에서 이모티콘으로 100만 원대의 돈을 벌려면 인기 순위 100위 안에 들어야 한다고 보고 있어요. 100만 원대라고 하니 100~199만 원을 번다고 오해하실 수도 있는데 100~999만 원을 말하는 거예요.

이모티콘 수익률은 매년 들쭉날쭉해요.

어떨 땐 얼마를 벌어 순위가 이 정도였고, 어떨 땐 순위는 비슷한데 액수가 다르다고 하기도 해요. 게다가 구독제를 도입하면서 수익을 계산하는 방식이 더 복잡해졌어요.

어떤 작가에게 물었더니 이모티콘이 99위에 올랐는데 첫 달에 500만 원을 벌었대요. 그런데 또 다른 작가는 80위권이었는데 100여만 원에 그쳤답니다. 그만큼 편차가 커서 수익을 계량화할 수 없어요.

하지만 100위권에 오르면 100만 원대, 10위 안에 들면 1,000만 원대라고 업계에서는 추정하고 있어요. 그러니 1위를 하면 억대로 돈을 번다는 말이 나오는 거죠.

보통 이모티콘이 나온 첫 달에 100만 원대를 찍으면 이후부터 수익이 뚝뚝 떨어져요. 예전에는 한 달 버티면 잘한 거라고 했는데 요즘은 보름도 버티기 어려워요.

그런데 요즘은 예전보다 더 많이 팔리므로 수익률은 더 높아요. 인식이 많이 달라져서 사는 사람이 많아졌거든요. 옛날에는 "이모티콘을 누가 돈 주고 사냐?"고 했는데, 이제는 친구나 가족끼리 생일 선물로 주고받거나 회사에서 사장님이 직원들에게도 쏘기도 해요. 구매 방법도 별로 어렵지 않으니, 소비자가 더 늘었어요.

많이 쓰고 많이 사니 이모티콘 시장이 옛날보다 훨씬 커졌습니다. 앞으로도 더 커질 거예요. 대신 소비 주기도 빨라지고 더 많이 쏟아질 겁니다.

그러니 지금보다 경쟁은 더 치열지고 주목받기도 힘들어 생명력도 짧아지는 건 어쩔 수 없겠죠.

SURVIVAL STRATEGY 03

마법의 주문을 외워라
"너 같으면 사겠나?"

   이모티콘은 상대에게 전할 말이나 자신의 마음을 그림으로 함축해 전하는 도구잖아요? 그래서 소비자는 자기가 보기에 즐겁고 마음에 쏙 드는 이모티콘을 찾기 마련이죠.

   내가 만든 이모티콘이 사람들에게 쓸모가 있고 공감을 얻을 수 있을지, 쉽게 말해 사람들에게 먹힐지 안 먹힐지 알아보는 방법이 하나 있어요.
   마법의 주문을 외우는 겁니다. 자, 다 함께 외워볼까요?

"너 같으면 사겠냐?"

 자신이 그린 이모티콘이 괜찮은지 친한 사람에게 물어보면 안 돼요. 매우 가까운 친구들은 때론 너무 냉정해요. "이래서 되겠냐?", "그냥 별로", "이따위로 할 거면 때려치워"란 핀잔만 들을 거예요. 마음의 상처가 생각보다 커 의리가 상할 수도 있어요.
 부모님도 피하세요. 무조건 좋다고 하시니까.
 "누구는 이모티콘으로 수억 벌었다는데 우리도 그러겠네?", "우리 딸 대박 날 테니 이제 강남으로 이사할 준비하면 되냐?"라는 말에 헛된 기대만 커질 수 있어요.
 그럼, 누구한테 물어봐야 하느냐? 내 이모티콘을 사줄 만한 타깃에 물어보세요. 이왕이면 남성보다 여성에게, 이모티콘을 한 번 이상 사 본 적당히 친한 사람에게요.

 이모티콘이나 캐릭터나 똑같아요. 누구한테 사랑받을 거냐, 누구한테 팔 거냐, 그걸 먼저 생각하고 만드는 게 중요합니다.

이모티콘이든 캐릭터든 팔아서 돈을 벌려면 기획은 필수입니다. 타깃을 모르면 절대로 성공할 수 없어요.

기획도 순서가 있어요. 타깃에 맞는 아이디어를 고르거나 아이디어에 맞는 타깃을 정하는 게 기본입니다. 그리고 팬덤을 만들 요소를 세계관에 반영해 디자인을 완성해 갑니다.

그런데 대부분은 이와 반대로 해요. 낙서하듯 그리다가 좀 귀엽다 싶은 그림을 그려놓고 나서 타깃을 어디로 할지 정하죠. 타깃이 아예 없는 경우도 종종 있어요.

아이디어와 기획은 분명 달라요. 아이디어를 디자인으로 곧바로 연결하는 건 소용없어요.

수강생들이 자신의 그림을 보여주면서 이렇게 물어볼 때가 있어요.

"교수님, 이거 어때요?"
"괜찮은데요? 근데 뭐 하는 아이예요?, 타깃이 누구예요?"
"아, 그냥 귀여운 강아지예요."

"…"

명쾌한 답을 내놔야 합니다. 그림이 누구에게, 왜, 어떻게 매력적인지를 구체적으로 말해줄 수 있어야 해요.

그림은 기가 막힌 데 심사에서 자꾸 떨어지는 건 기획이 허술하기 때문이에요.

작가들은 자신의 그림을 작품으로 보는 경향이 있어요. 그런데 그림을 팔아서 돈을 벌어야 하잖아요? 그렇다면 작품이 아닌 상품으로 바라봐야 해요. 그래서 타깃을 정하고 그에 맞춰 기획하는 게 첫걸음이에요. 모든 게 거기서부터 시작해야 합니다. 그림부터 그리려고 하니, 그림이 뛰어나도 떨어지는 거예요.

그림은 어설퍼도 기획은 제대로 해야 해요. 기획은 앉아서 하는 게 아니에요. 기획은 조사라고도 할 수 있어요. 계속 알아보고 찾아보고 확인하는 거죠. 내가 좋아하는 건 집에서 쉽게 찾을 수 있지만, 타인이 원하는 걸 찾으려면 밖으로 나가야 합니다.

내 머릿속에서 나오는 건 아이디어에요. 그건 누구나 생각할 수 있어요.

아이디어를 기획으로 바꾸려면 직접 알아봐야 해요. 문을 열고 밖으로 나가세요. 여기저기 돌아다니고 살피고 구경하고 사람과 만나 얘기하면서 어떻게 하면 타깃이 이걸 좋아해 줄까, 어떻게 해야 팔릴까를 열심히 탐구해야 해요.

작가들이 이걸 하지 않기 때문에 망하는 거예요. 그래서 제 수업의 슬로건은 '그림만 그리지 말자'입니다. 이모티콘은 유행을 타는 건데, 유행을 모르고 흉내만 내려 하니 안 되는 거죠.

심사에서 자꾸 떨어지면 "그림은 좋은데 사람들이 날 인정해 주지 않아"라며 원망하기도 하고 "이제 더 이상 뭘 어떻게 해야 하나…"라며 심한 좌절감을 느끼기도 해요.

잘 그리거나 못 그리는 건 둘째 치고 기획에 맞지 않는 그림을 그리는 게 가장 큰 문제예요. 당신이 그린 이모티콘은 누가 돈을 주고 살지 알고 있나요?

그저 내놓으면 알아서 잘 팔릴까요?

 운에 맡기지 말자고요. 철저하게 조사하고 알아보고 타깃에 최대한 맞추세요. 그렇게 해도 될까 말까예요. 타깃을 설정하려면 공부를 해야 합니다.
 이모티콘이 실패하는 주된 원인은 작가 자신만 좋아하는 걸 만들기 때문이에요. 그런 분들에게 이런 말씀을 드리고 싶어요.

 "당신이 믿는 당신을 믿지 마세요."

 자기가 생각하기엔 옳은 것 같아도 실제 타깃이 생각하는 건 그렇지 않다는 뜻이에요.
 자신이 게임을 좋아하니 또래 남성이 즐기는 게임을 소재로 마니악(maniac)한 이모티콘을 만들어보겠다고 한 30대 작가가 있었는데요, 정작 30~40대 남성 대부분은 이모티콘을 잘 사지 않습니다. 타깃의 소비 성향이 어떤지 들여다보지 않은 거죠.
 초등 저학년생을 위한 이모티콘이라면 학부모 성향을 고려해야 해요. 엄마가 결제하니까. 엄마가 봤을 때 별로면 안 사줄 거잖아요? 나이 드신 아버님을 노린다면 산, 어머님에게는 꽃을 넣길 권해요. 이런 식의 고민이 필요해요.

마니아층을 노리기보다 대중적인 게 좋아요. 그렇지만 경쟁이 심해요. 그래서 대중적이면서도 개성이 있어야 합니다. 말로는 쉽지만 정말 어려운 부분이죠. 고민해도 잘 안 풀려요. 그렇지만 이마저도 하지 않으면 어떻게 합격하겠어요?

연출을 잘하면 비슷해 보이는 그림에 개성을 심어줄 수 있어요.

보통 "안녕"을 표현하라고 하면 손 흔드는 모습을 떠올릴 거예요. 그런데 공중제비를 돌아 한 바퀴 구른 뒤 래퍼처럼 다리 밑으로 손을 쭉 뻗어 "안녕"을 외친다면 어떨까요?

볼거리와 재미를 주려고 해보세요. '내 캐릭터라면 어떻게 인사할까?', '나라면 어떻게 행동할까?'를 곰곰이 생각해 동작이나 묘사를 넣으면 충분히 개성 넘치는 이모티콘이 탄생할 수 있어요.

예전에는 이미지만 있는 이모티콘이 대세였는데 이제는 문구가 들어가는 걸 많이 찾아요. 의미 전달이 빠르고 명확한 걸 좋아하니까요.

젊은 층을 겨냥할수록 메시지가 분명한 게 좋습니다. 대부분 "안녕", "사랑해", "미안해", "고마워", "슬퍼", "잘 자" 정도 정하고 나면 더 할 말이 없잖아요? 이보다는 "이거 플러팅?", "미안한 게 뭐죠?" 처럼 여기저기 다 쓸 수 있는 두루뭉술한 표현보다 분위기나 상황에 맞게 직관적으로 쓸 수 있는 이모티콘을 선호해요.

이모티콘 한 세트의 콘셉트를 통일하는 것도 놓치지 마세요. 아이디어와 내용이 일맥상통하도록 구성하세요. 모두에게 사랑받는 모두의 이모티콘은 없어요. 타깃을 좁혀 그들이 좋아할 만한 메시지를 뽑아봐요.

전언에 따르면 카카오에 심사를 신청한 이모티콘이 못해도 하루에 200개씩 쏟아져 들어온다고 하더군요. 그러니 종일 들여다보고 있는 사람에게는 이모티콘이 다 비슷비슷해 보일 거예요.

이모티콘을 선정하는 기준은 공개하지 않을 뿐 분명 있습니다.

그런데 아무리 객관적인 기준으로 정량평가를 했다지만 심사 결과에 쉽게 수긍이 가는 건 아닐 거예요. 보는 이에 따라 심사 기준이 들쭉날쭉하다고 느낄 수도 있어요.

심사는 결국 사람이 하는 거라서 그래요. 사람마다 보는 관점이나 취향이 다르니까요.

비슷한 이모티콘이라면 인지도가 더 높은 작가의 것이 합격할 수도 있고, 아니면 신진 작가에게 기회가 돌아갈 수도 있어요. 사회적 이슈와 맞물려 표현이나 내용이 문제가 될 수도 있어요. 그날 컨디션이 나빠 만사가 귀찮은 사람이 심사를 맡았다거나, 다퉜던 연인과 다시 사이가 좋아져서 기분이 아주 좋은 사람이 심사했을 수도 있죠.

그래서 저는 철저한 준비와 영혼까지 끌어모은 자신의 실력 50%, 그리고 운(運) 50%가 잘 들어맞아야 카카오의 선택을 받을 수 있다고 말해요.

이모티콘 작가를 준비하면서 '카카오 이모티콘 승

인받는 비결', '한 달만 따라 하면 나도 이모티콘 작가', '월 수백만 원 버는 이모티콘 디자인' 같은 제목의 온라인 강의나 책을 어디선가 한 번쯤은 보셨을 텐데 그런 허황된 말에 현혹되지 않길 바랍니다. 합격 비결이나 통하는 법칙 같은 건 없으니까요.

타깃을 계속 연구하고 나만의 스타일을 찾으려는 노력과 흥미, 그리고 떨어져도 다시 도전하는 꺾이지 않는 마음이 합격의 문을 여는 비결입니다.

SURVIVAL STRATEGY 04

내 연예인 알릴 사람은 매니저 뿐

잘나가는 연예인의 뒤편에는 궂은일을 마다하지 않는 열성적인 매니저가 있기 마련이죠.

이모티콘이나 캐릭터는 연예인과 같아요. 그래서 전 이모티콘 작가를 매니저라고 불러요. 이모티콘은 연예인입니다. 그럼 이제 매니저는 뭘 해야 하죠?

방송국 돌면서 PD나 작가들에게 "우리 연예인 좀 써 주세요" 하면서 홍보물 돌리고 커피도 돌려야죠. 또 스타일 숍에 데려가 화장도 하고 헤어스타일도 매만지고 피부도 관리해 가며 빛나 보이게 꾸미는 노력도 필요합니다.

이모티콘이나 캐릭터 개발이 끝났다면, 얘는 이제 그림이 아니에요. 생명력을 부여받은 생물체예요. 캐릭터를 키우려면 작가도 연예인 매니저처럼 백방으로 뛰어야 해요. 하지만 대부분은 골방에 앉아 그림만 그리고 있는 게 현실이에요.

이모티콘 작가에게 SNS는 필수입니다. 요즘은 페이스북을 잘 안 쓰니 인스타그램에 계속 알려야 해요. 캐릭터 계정을 하나 만들어 연관된 스토리나 내러티브가 있는 콘텐츠를 계속 올리는 겁니다.

결혼하거나 집안에 누가 돌아가시면 연락처 뒤져서 청첩장이나 부고장 돌리잖아요? 이모티콘을 만들었거나 합격했다면 자신의 청첩장을 돌리듯 내 연락처에 있는 모든 사람에게 이모티콘 링크를 미친 듯이 쏴주세요.

카카오는 다른 플랫폼과 달리 자신의 인스타그램이나 홈페이지 주소 등을 기재할 수 있어요.

전 그걸 이렇게 해석합니다.

"우리가 네 것을 뽑을 건데 경쟁작이 오면 네 것을 뽑을 수 있게 해줘. 네 팬덤이 이만큼이란 걸 보여주면 참고할게"라고 말이죠.

인스타그램이나 홈페이지 주소를 쓰면 심사할 때 가산점이 붙을 수 있어요. 그러니 이모티콘의 합격 여부와 상관없이 SNS에서 미리 이모티콘을 보여주며 활동하는 게 좋아요. 카카오가 SNS에서 상업화된 이미지는 받아주진 않지만 캐릭터의 인지도를 쌓는 데 큰 도움이 되니까요.

내가 만든 상품은 내가 알리고 팔아야 해요.
내 이모티콘이 나왔다는 걸 부모님 지인들까지 가리지 않고 마구 알리세요. 사달라고 조르기도 하고, 직접 사서 선물도 해보세요. 막 여기저기 전화 돌리고, 지인 SNS 찾아가서 메시지를 남기세요. 기회만 생기면 무조건 자랑하세요. 알리려면 노력과 정성을 들여야 해요. 얼굴에 철판을 깔아야 합니다.
중요한 건 그림만 그려선 안 된다는 거예요. '방구석 그림러'가 가장 나빠요.

여유가 있다면 일러스트페어 같은 곳도 한 번 나가 보는 걸 권해요. 근데 목적 없이 나가면 안 돼요. 그저 행사장에 나갔다고 해서 저절로 알아주고 홍보가 되는 건 아니에요. 페어에 나가려고 쓰는 시간, 노력, 돈만큼 얻을 수 있는 게 있으면 나가는 거지만, 그게 아니면 다시 생각해 봐야 해요. 단순히 굿즈를 팔아 부스비 건지고 홍보하려는 목적이라면 전 말리겠어요. 타깃에 어필할 분명한 포인트가 있고, 캐릭터를 활용해 상품을 만드는 라이선시(licensee)에게 내가 상품화할 준비가 돼 있다고 보여줄 수 있을 때 나가세요.

꼭 참가비 내고 부스를 꾸려 나가려고 하기기보다 그냥 일반 관람객으로 행사장에 가보는 것도 좋아요.
 어떤 이모티콘이나 캐릭터가 있는지 살피고 작가들과 얘기도 나누며 명함도 주고받아 봐요. 기업 부스 같은 데 들어가 소개하고 명함과 스티커를 나눠줘 보세요.
 그러면서 자극을 받고 힘도 얻고 아이디어도 얻고 파트너를 만날 기회도 얻을 수 있어요.

누군가 "당신이 그린 이모티콘을 보여 달라"고 하면, 자신의 컴퓨터 하드디스크에 들어 있는 그림을 떠올릴 거예요. 근데 그건 그저 숫자와 컴퓨터 언어로 이뤄진 데이터일 뿐이에요.

내가 만든 이모티콘 또는 캐릭터가 세상에 존재한다는 걸 누군가에게 보여줄 수 있는 건 바로 매뉴얼 북입니다. 매뉴얼 북은 캐릭터에 관한 모든 정보를 일목요연하게 체계적으로 정리해 놓은 이력서 또는 자기소개서와 같아요.

색상, 크기, 앞면·옆면·뒷면 이미지, 응용 이미지, 세계관, 스토리, 상품 적용 예시 이미지, 디자인 준수 사항 등 캐릭터에 관한 규정집이라 할 수 있는데 쓰임새에 맞게 구성해야 해요.

내 이모티콘, 캐릭터에 관심을 보이는 파트너를 만나는 자리라면 꼭 매뉴얼 북을 들고 가세요.

내 머릿속의 정보를 문서로 정리해 보여주지 않으면 그 누구도 알 수 없어요. 그런데 매뉴얼 북이 뭔지, 왜 필요한지 모르는 작가들이 많아 안타까워요.

SURVIVAL STRATEGY   05

승패를 결정하는 건 찰나의 순간

    2018년부터 강의를 시작했으니, 저를 거쳐 간 제자들이 한 1,000명쯤 되겠네요. 분기별로 한 두어 명씩은 꼭 데뷔하시는 것 같아요. 강의는 길어야 3개월에서 한 학기인데 교육이 끝나면 보통 6개월에서 1년 안에 합격했다는 전화를 받곤 해요.

    3개월 동안 배워서 곧바로 합격하기는 쉽지 않아요. 계속 연구하고 다듬어 꾸준히 응모한 끝에 비로소 작가로 데뷔하는 거죠.
    수강생 대부분이 생초짜는 아니에요. 강의를 왜 듣

는지 되물어볼 정도로 실력이나 마인드, 내공이 전문가 수준인 분들도 많아요. 그럼에도 처음엔 웬만해선 다 떨어져요.

이모티콘을 만들 때 나만 좋다고 느끼면 안 돼요. 자꾸 떨어지는 작가들의 큰 특징이 뭐냐면 자기만족에 취해 있거나 고질적인 습관을 발견하지 못하고 있다는 거예요.

종이에 끄적이다가 그림을 하나 그립니다. 그러다 눈이 번쩍 뜨입니다.

'어머! 이 그림 왠지 귀여워, 잘 나온 것 같아, 그래 바로 이거야, 대박 기운이 풍겨!'

이렇게 만든 이모티콘이 운이 좋아 단번에 합격하는 경우가 간혹 있는데 두 번째 도전할 때는 이러한 행운이 찾아오지 않아요. 왜 합격했는지를 모르니까. 어떤 요소가 잘 먹혀서 팔렸는지 모르니까. 그러니 시리즈를 이어가기 힘들죠.

이러면 '멘붕' 도 더 크게 와요. 대박 맞아서 하늘

에 붕 떴다가 갑자기 땅 아래로 훅 꺼지는 기분이 들 겁니다.

 이모티콘이 자꾸 떨어지는 건 콘셉트는 그대로 놔두고 겉모양만 바꾸기 때문이에요.
 별다른 고민을 하지 않거나 색다른 아이디어 없이 스킨만 바꿔서 재응시하는 사람이 많아요. 그러니 왜 떨어졌는지 모르고 제자리를 맴돌아요. "너 같으면 사겠냐?"란 질문을 수없이 되뇌어야 해요.

 어찌 보면 이모티콘을 만들 때 그림이 꼭 완벽하지 않아도 돼요. "이게 그림이냐?"라고 할 정도로 요즘에는 좀 엉성해 보이는 이모티콘이 많아요. 하지만 개성 있는 기획이 뒷받침됐다는 게 포인트죠.
 카카오가 초창기에는 인기 있는 작가나 인지도 있는 그림들만 받아줬어요. 디자인 퀄리티를 따져서 이모티콘을 선별했으니까.
 근데 2016년쯤에 네모타로(ねも太郎)라는 일본인 작가가 만든 '오버액션 토끼'가 확 떴어요. 그때를 기점으로 '병맛' 스럽거나 그림체가 좀 별로여도 인기

를 끌만 한 콘셉트를 내세운 개인 작가의 이모티콘을 카카오가 받아주기 시작했어요.

저는 이게 이모티콘 트렌드에서 하나의 변곡점이 됐다고 봐요. 그전까지는 누구도 꺾을 수 없는 이모티콘의 절대 강자가 있었어요. 그건 바로 '카카오프렌즈' 죠.

그런데 '오버액션 토끼'가 나오면서 '카카오프렌즈' 인기가 한풀 꺾였어요. 이후로 병맛 코드나 그림이 조형의 원리에 맞지 않고 매끄럽지 않아도 뽑히는 이모티콘이 하나둘 등장했고, 실제로도 잘 팔려요.

카카오에 이모티콘을 신청할 때 세계관이나 스토리를 모두 표현할 수 없어요. 그래픽 요소만 잘 보여주면 돼요. 보여줄 수 있는 게 메인 이미지, 응용형 이미지, 메시지뿐이에요.

그런데 응모자들이 흔히 저지르는 실수가 캐릭터에 많은 걸 담으려고 한다는 거예요. "얘는 평소 소심하고 수줍음을 잘 타지만 반전 매력을 갖고 있어요", "외향적인 캐릭터지만 알고 보면 낯을 가려요", "사람들은 모르는 초능력이 있어요" 같은 콘셉트를 설정해요.

이런 입체적인 캐릭터는 별로 추천하지 않습니다. 그냥 직관적으로 느껴지게 하는 게 좋아요. 가령 얘는 화가 많다? 그럼 그냥 화가 많아야 하고 화를 많이 내면 돼요. 외모도 화를 많이 내게 생겨야 해요.

이모티콘을 사는 사람들에게는 이런 패턴이 있어요. 숍에 들어가면 일단 새로 올라온 이모티콘을 쫙 봐요. 그러다 재미있을 것 같은 이모티콘의 제목을 보고 클릭해 들어가 봅니다.

두 세줄 정도 훑어보며 "요거 좀 공감이 가네", "나도 이거 생각했는데…"라는 생각이 들면 스크롤바를 내려 좀 더 둘러본 뒤 곧바로 구매를 누릅니다.

소비자는 순간적으로 판단합니다. 이모티콘을 선택하는 시간은 찰나의 순간입니다.

이모티콘은 예쁜 것도 좋지만 못생겨도 괜찮아요. 공감을 끌어내고 쓸모가 있으면 돼요. 실용성이 우선이에요.

소비자는 제목을 보고, 메인 이미지를 보고, 스크롤바를 살짝 내렸다가 조금이라도 흥미가 없으면 주저 없이 뒤로 가기를 누릅니다. 그럼, 그 짧은 순간에 뭘 보여줘야 할까요?

이것저것 넣지 마세요. 그냥 한눈에 딱 알아보게 하세요. 간결하고 명확해야 합니다.

외모에서도 그런 게 드러나야 하고 캐릭터가 입은 의상, 액세서리나 소품에서 단박에 알 수 있게 해야 해요.

삐쩍 말랐는데 먹보 캐릭터래요. 이게 반전 매력이랍니다. 그러면 과연 소비자가 골똘히 생각하다 캐릭터가 지닌 숨은 매력을 발견하고 무릎을 '탁' 치면서 얘를 살까요?

한 번 떨어졌다면, 캐릭터는 그대로 쓰되 콘셉트를 바꿔 보세요. 모든 걸 제로베이스에서 다시 시작하는 마음으로.

카카오에 응모할 때 멈춘 이모티콘은 32개, 움직이

는 이모티콘은 24개를 그려야 해요. 32개를 넣으려면 최소 40개 이상은 그려야 하죠. 겹치는 건 빼고 메시지가 좀 안 맞는 것도 골라내서 최종 리스트를 만들어야 하니까요.

이때 여러 아이디어가 나옵니다. 제가 가끔 수강생들의 아이디어 노트를 볼 때가 있는데, 왼쪽에 그린 아이디어가 더 좋아 보여요. 그런데 자꾸 오른쪽의 아이디어를 내려고 해요.

"왼쪽의 아이디어가 괜찮아 보이는데 이걸로 내보면 어떠세요?"
"아, 이건 2탄으로 낼 거라서 아껴 놓고 있어요."
"…?"

1탄이 존재하려면 먼저 합격해야겠죠? 1탄이 없다면 2탄은 없어요.
1탄에 모든 걸 쏟아부어야 합니다. 아이디어를 아끼지 마세요. 2탄에 넣을 아이디어는 2탄 만들 때 생각해도 늦지 않아요. 모든 아이디어는 데뷔를 노리는 1탄에 '몰빵' 하세요.

SURVIVAL STRATEGY   **06**

이모티콘도
캐릭터다?

"이모티콘과 캐릭터는 같은가요, 다른가요?"
누군가 물어보면 전 이렇게 말합니다.

"이모티콘은 캐릭터이기도 하고 아니기도 해요."

좀 중의적인 표현인데 이모티콘과 캐릭터를 쓰는 목적은 같지만, 쓰이는 곳에 따라 디자인이 다르다는 걸 의미해요.

캐릭터(Character)는 원래 극 중 인물의 개성과 이미지를 뜻하는 말이잖아요? 그래서 이미지를 상징해 감정이나 메시지를 전달하는 수단으로 본다면 이모티콘은 캐릭터와 별반 차이가 없어요.

캐릭터 없이 글과 그림으로만 이뤄진 이모티콘도 있지만 캐릭터가 감정을 표현하는 면에서 훨씬 유리하기 때문에 캐릭터가 들어간 이모티콘이 많은 거죠.

그런데 온라인에서 감정 표현 수단으로 쓰이던 이모티콘이 오프라인에서 봉제 인형이나 피규어 같은 상품으로 나오거나 제품을 돋보이게 하는 그래픽 요소로 쓰인다면 이모티콘은 캐릭터 디자인처럼 바뀌어야 해요.

이모티콘이 감정이나 메시지를 전하는 도구로 쓰일 땐 그림이 좀 엉성해도 상관없어요. 하지만 상품 디자인에 적용하려면 그림이 엉성하면 안 된다는 말입니다. 캐릭터 디자인처럼 조형 원리에 맞도록 매끈하게 다듬어져야 해요.

인기가 많거나 인지도가 있는 이모티콘을 상품화하는 사례가 늘고 있어요.

캐릭터 상품을 만드는 라이선시 관계자들도 "요즘 뜨는 이모티콘이 뭔지 좀 알려 달라"고 해요.

그래서 갓 데뷔하거나 인지도를 올리고 싶은 작가들이 라이선시들의 눈길을 끌기 위해 일러스트페어에 많이 나오시는데요, 사실 그들에게 눈도장을 찍는다는 게 생각만큼 쉽지 않아요. 라이선시 눈에는 상품화하기엔 디자인의 완성도가 떨어져 보이기 때문이에요.

예를 들어 인형을 하나 만든다고 해봅시다. 그러면 3D 형태의 턴어라운드 이미지가 있어야 해요. 그런데 이모티콘은 어떤가요?

선이 삐뚤빼뚤해 대충 그린 것처럼 보이고 응용 이미지마다 모양도 제각각이에요. 심지어 자기가 그린 이모티콘의 턴어라운드 이미지를 못 그리는 작가도 봤어요. 가까스로 그렸는데 앞면, 옆면, 뒷면이 모두 다르기도 해요. 심각한 건 그게 왜 틀린 건지, 왜 딱딱 맞아야 하는 이유를 모른다는 거예요.

그림을 전공하지 않아도 이모티콘은 얼마든지 만

들 수 있어요. 하지만 이모티콘으로 상품화 사업을 해보겠다면 얘기는 달라져요. 그림체, 그림의 퀄리티, 디자인의 완성도가 무척 중요해요.

이모티콘으로 시작해 라이선싱 비즈니스로 성공하는 사례가 늘고 있는데요, 노는 무대가 다르면 무대 성격에 맞게 의상도 달라져야겠죠?

이모티콘을 개발할 때 이모티콘용, 상품화용으로 디자인을 구별해 놓으면 라이선싱 사업 진척이 한층 빨라질 거예요.

디자인
design

윤혜지
하얀오리 대표

SURVIVAL STRATEGY 07

이모티콘과 캐릭터는 표정이 다르다

하루가 멀다고 자고 일어나면 등장하는 게 아이돌 가수일 거예요. 지금 캐릭터 시장이 딱 그 상태예요.

주목을 끌만 한 확실한 장점이나 매력이 없다면 정말 살아남기 어려워요.

제가 14년째 그림을 그리고 사업을 해오면서 겪은 경험과 체득한 노하우는 여러분과 얼마든지 공유할 순 있지만 그걸 그대로 따라 한다고 해서 성공한다고는 말 못 해요.

그렇지만 이를 알고 캐릭터 사업에 접근하는 것과 모르고 접근하는 건 큰 차이가 있을 거예요. 제 얘기가 성공을 꿈꾸는 여러분에게 작은 도움이 됐으면 하는 바람을 담아봅니다.

이모티콘과 캐릭터는 다를까요?
여러 의견이 있을 수 있는데, 저는 캐릭터로 할 수 있는 여러 상업 활동 중에 이모티콘이 포함돼 있다고 보는 게 더 정확하다고 생각해요.

이모티콘과 캐릭터는 활용 목적이나 표현 방식이 달라요.
이모티콘을 쓰는 가장 큰 목적은 메시지 전달이에요. 대화를 이어가기 위한 하나의 수단인 거죠. 캐릭터도 그러한 기능을 지니고 있지만, 감상의 목적이 더 크다고 할 수 있어요.

디자인이란 측면에서 바라보면 차이는 더 커요.
이모티콘은 웹툰처럼 메시지 전달이 중요한 등장인물로서 표정이 다양하고 몸짓도 과격해야 해요. 딱 봤을 때 무슨 말을 하는지 알아볼 수 있는 움직임 위주로 그리게 되죠.

캐릭터는 제품 디자인에 잘 어울리도록 가장 예쁜 표정이나 포즈를 집중적으로 보여줘요. 본래의 모습에서 벗어나 얼굴이 조금 작아지거나 몸짓, 표정이 과격하면 사람들은 거리감을 느껴요.

캐릭터를 이모티콘으로도 쓸 수 있어요.
그런데 표정에 변화를 많이 줄 때 얼굴이 망가진다고 생각하는 작가들은 자막이나 말풍선을 쓰더라고요. 캐릭터 특성이나 브랜드 이미지를 해치지 않도록 큰 표정 변화 없이 글로 감정을 전하는 거죠.

저도 이모티콘을 내면서 찌그러진 '몰랑'도 그려 봤어요. 이모티콘으로 쓰기엔 괜찮았는데 제품 디자인에 쓰려니 정말 안 어울렸어요. 디자인이 유치하니 제품도 유치해지더라고요.
이모티콘으로 쓰면 어울리는 디자인을 노트 표지에 갖다 붙이면 구매층이 확 낮아져요. 어린 친구들은 이걸 재미 삼아 살 순 있지만 20~30대는 그렇지 않아요.

그래서 이모티콘 그림을 제품에 쓰려면 다시 새로 그려야 해요.

여기서 잠깐, 이모티콘 시장이 어떻게 변해왔는지 흐름을 한 번 살펴볼까요?

카카오가 이모티콘 사업을 시작할 때부터 참여했으니, 저도 이모티콘 작가 1세대에 속하는데요, 쭉 살펴보면 이모티콘의 유행은 카카오가 주도하는 편이에요. 시리즈로 나올 만큼 인기 있는 이모티콘 작가에게는 "이런 게 필요하다"라며 어느 정도의 가이드를 주거든요.

한동안 글씨를 아예 넣지 말고 범용으로 쓰이는 이모티콘을 요구하더니 이게 너무 많아지니까 메시지가 명확하고 특정 타깃을 노린 것만 올려달라고 하더라고요. 또 이모티콘 24개 중 12개는 기본적인 표현을 무조건 넣어야 했는데 나중에는 이런 가이드가 사라졌어요.

최근에는 엄마와 딸 사이에서만 쓸 수 있는 것처럼 자신에게 딱 맞는 이모티콘만 사는 쪽으로 트렌드가 바뀌니 아예 특이한 조합의 이모티콘이 승인을 잘 받는 것 같아요.

카카오가 당락 요인을 알려주는 건 아니지만 최근의 흐름을 보면 기본적인 표현이 많은 건 통과하기 어렵고 아주 특별하게 세분화해 좁은 타깃만 쓸 수 있는 이모티콘이 채택되는 사례가 많아요.

사실 착하게 말하거나 일상적인 표현은 너무 많긴 해요. 그러니 인기 없는 남자나 '덕질' 하는 여자만의 이모티콘, 커플끼리 싸우는 이모티콘처럼 특정 상황이나 특정 관계에서만 쓸 수 있는 게 승인이 잘 나요.

어른인데 아이처럼 말하는 말투의 이모티콘도 유행을 넘어 하나의 장르처럼 굳어지고 있어요. 요즘 한창 뜨고 있는 '망그러진곰'을 보세요. 철없는 아기곰 같은 외모와 말투를 지녔는데 사람들이 거기에 이입을 많이 하잖아요? '내가 제일 귀엽고 사랑스러워'처럼 자존감이 하늘을 찌르는 콘셉트가 지금 시대의 유행인 거죠.

이모티콘 시장에 작가들이 몰려든 건 2017년 '병맛' 코드 이모티콘의 대표주자로 꼽히는 '케장콘'이 등장하면서부터예요.

당시에 작가들과 소비자들 사이에서 "그림판에서 마우스로 대충 그린 듯한 그림을 이모티콘으로 인정해야 하나?", "이런 그림을 왜 돈을 주고 사야 하느냐"며 논란이 벌어지기도 했어요.

그때 "이 정도면 나도 그리겠다"면서 이모티콘에 도전하는 분들이 많았어요. 좀 못 그린 그림도 돈이 되겠다고 생각한 거죠.

그런데 그분들은 잘못 이해하신 거예요. 더 큰 문제는 이러한 착시 현상이 아직도 이어지고 있다는 겁니다.

'케장콘'이 뜰 수 있었던 건 그림과 말투가 찰떡처럼 잘 어울렸고, 이전부터 인터넷에서 밈(meme)으로 유명하던 셀럽(Celebrity)이 만들었다는 후광효과가 있었기 때문이에요. 무대만 이모티콘으로 옮겼을 뿐, 느닷없이 하루아침에 성공한 게 아니었다는 거죠.

요즘 들어 "이렇게만 하면 재능이 없는 사람도 이모티콘 작가가 돼 무조건 돈을 벌 수 있다"는 식으로 말하고 다니는 분들이 많은데, 솔직히 그건 거짓말이에요.

SURVIVAL STRATEGY   08

세계관을
어떻게 보여줄 것인가?

캐릭터 사업을 막 시작했을 때예요.

'캐릭터라는 게 눈이 즐거우면 되지, 꼭 이야기가 있어야 할까?'에 대한 고민이 깊었어요. 제조사 사장님들이 "몰랑은 이야기가 없나요?", "친구들은 있어요?" 같은 걸 매번 물어봤으니까요.

세계관을 꼭 이야기로 풀어갈 필요는 없다고 생각해요.

'몰랑'은 과할 정도로 유별나게 긍정적인 성격을 지녔어요. '피우피우'는 감성적이면서 소심하고 예민해요. 긍정적으로 보기 어려운 상황에서도 무한 긍정을 외치는 '몰랑'과 이를 보고 스트레스를 받는 '피우피우'가 티격태격하면서도 서로 닮아가며 앞으로 나아가는 모습을 보여주는 것으로도 서사는 충분해요. 얘들이 어디서 어떻게 만났고 어디에 사는지는 그리 중요하지 않아요.

그러나 캐릭터의 정체성을 담은 세계관은 꼭 필요해요. 그걸 그림으로 보여주는 거죠.

'몰랑'은 토끼라서 고기 먹는 모습을 표현하지 않아요. 초식동물인데다 '피우피우'란 병아리 친구가 있으니, 치킨을 먹는 장면도 보여주지 않아요. 그리고 동화 속의 토끼처럼 보이도록 도회적인 풍경보다 식물, 디저트, 자연 등을 배치해 장면을 연출해요.

그저 그림에 불과할지라도 보여주지 않아야 하는 모습은 철저히 배제하고, 보여주고 싶은 광경을 담은 디자인을 통해 캐릭터의 세계관을 간접적으로 드러내는 거죠.

'헬로키티'를 한 번 볼까요? 항상 머리에 달고 있는 메인 아이템인 리본과 체크무늬는 빨강, 파랑처럼 강렬한 색으로 표현해요. 주황색이나 노란색은 잘 쓰지 않죠. '쿠로미'도 검은색을 메인 컬러로 쓰면서 연보라색을 섞어 써요. 색감으로 캐릭터의 이미지를 뚜렷하게 각인시키는 효과를 노린 거죠.

'몰랑'도 과일이나 디저트처럼 좋아하는 음식과 함께 등장하는 그림이 많아요. 색감, 주로 쓰는 소품, 캐릭터와 어울리는 요소들을 조합해 '몰랑'의 세계관을 보여주는 겁니다. 뭔가 그럴싸해 보이는 장황한 이야기를 전하기보다 보는 이에게 각인시킬 수 있는 포인트를 돋보이게 하는 게 더 중요하니까요.

제일 많이 쓰는 색감과 각인시키고 싶은 대표적인 이미지를 여러 장의 포스터에 모아놓으면 캐릭터 세계관을 한눈에 잘 보여줄 수 있어요. 세계관과 어우러지는 소재, 소품을 디자인에 잘 활용해 보세요.
꼭 전하고 싶은 메시지 한 개와 어울리는 소품의 조합만으로도 세계관을 표현하기에 충분해요.

SURVIVAL STRATEGY   **09**

통하는 컬러
통하는 소재
통하는 그림

캐릭터 디자인도 유행이 있어요.

'뿌까', '마시마로', '졸라맨' 이 국산 캐릭터 1세대라면 '몰랑' 은 2세대 정도 돼요. 우리나라에 '리락쿠마' 가 들어왔을 때 '몰랑' 이 세상에 나왔는데요, 그땐 테두리 선이 두꺼운 캐릭터가 유행이었어요.

그러다 2014년쯤에 실(seal) 스티커가 인기를 끌면서 선이 없는 그림이 갑자기 유행하기 시작했어요. 실 스티커는 테두리 선이 없어야 붙일 때 예쁘거든요.

이후 얼마간 선 없이 단면 색채만 있는 그림이 유행하더니 이제는 낙서처럼 정돈되지 않은 그림이 대세예요. 선은 찌글찌글해도 모양은 잡혀 있는 캐릭터들이죠.

지금은 그간에 등장했던 유행들이 모두 공존하는 것 같아요. 요즘의 디자인은 대세가 있다기보다 여러 형태가 혼재돼 있어요.

그중에서도 덜 완성된 느낌, 즉 '완성된 미완성의 형태'를 선호하는 분위기예요.

공중파처럼 연출과 편집이 매끈한 영상보다 조금 투박하고 거친 느낌의 유튜브 영상을 좋아하는 분들이 있어요.

나영석 PD님이 만드는 예능 프로그램은 대체로 이런 감성을 좇는 시청자들에게 딱 맞게 편집한 영상을 보여주더라고요 굴림, 고딕, 명조체 같은 예스러운 서체로 자막을 쓰거나 화면 속 그래픽 요소도 일부러 촌스럽고 엉성하게 배치하는 거죠.

다듬어지지 않은 날것의 느낌을 좋아하는 사람이 많아지니 캐릭터 쪽에서도 정갈한 그림보다 낙서 같은 그림이 인기를 얻고 있는 게 아닐까 하는 생각이 들어요.

그래서 '몰랑'은 매끈한 테두리 선이 기본인데 최근에는 저도 찌그러진 '몰랑'을 인스타그램에 올려요.

우리나라 사람들은 따뜻한 색감을 좋아해요. '몰랑' 상품 판매 데이터를 보면 분홍, 살구, 연노랑, 연보라색의 상품은 잘 나가는데 초록, 보라색은 잘 찾지 않더라고요.

주황색도 그래요. 감귤 같은 배경이나 소재가 있거나 잠깐의 시즌 이벤트라면 모를까, 캐릭터 자체가 주황색인 건 별로 찾지 않아요.

파란색도 마찬가지예요. 여름 특집으로 한 번 쓸 순 있지만 메인 컬러로 쓰긴 어려워요. 차라리 블랙과 화이트는 좋아해도 푸른색 계열을 쓰는 곳은 많이 보지 못했어요. '뽀로로'를 제외하고 몸 색깔 자체가 푸른색인 캐릭터를 대보라면 언뜻 떠오르는 게 없을걸요? 다 화이트나 베이지, 브라운 톤이죠.

우리나라에는 흰색 캐릭터가 가장 많아요. 어떤 소품을 붙여도 잘 어울리고 이모티콘으로 쓸 때도 눈에 잘 띄니까요.

사람들은 잘 안 보는 것 같아도 캐릭터의 동작이나 표정을 눈여겨봐요.

입이 없으면 왜 입이 없냐고 자꾸 물어요. 눈, 코, 입 중 코가 없는 건 이해해도 눈이나 입이 없으면 낯설어해요. 그러니 웬만하면 이목구비를 표현할 땐 사람들의 보편적인 인식 수준에서 너무 벗어나지 않는 게 좋아요. 기본 틀은 유지하되 비율이나 색감을 달리해서 개성을 부여해 보세요.

소재도 웬만하면 귀여운 동물이 제일 무난해요.

외계인은 표현하기 어려워요. 예쁘게 그리기 어렵잖아요. 캐릭터가 토끼, 고양이, 강아지, 곰으로 몰려있지만, 종(種)이 다양하고 특징도 다르니 새롭게 보여줄 수 있는 여지는 충분해요.

리스크가 예상되는 소재는 피하는 게 좋아요. 곰 중에서는 판다가 귀엽긴 한데 중국 색채가 강하고 양국 관계가 꼬이면 타격이 불가피하니까 캐릭터로 잘 안 쓰는 편이에요.

모든 사람이 좋아하는 동물도 있지만 특이한 동물을 찾는다면 주목도를 높일 수 있어요. 친칠라, 도롱뇽,

고슴도치도 귀엽게 그릴 수 있으면 충분히 상품성이 있어요.

　대상은 무궁무진해요. 포인트를 살려 그림으로 예쁘고 귀엽게 잘 풀어낼 수 있을지가 관건이죠.

SURVIVAL STRATEGY 10

매뉴얼 북의
필수 요소

캐릭터를 상품화하려면 매뉴얼 북은 필수예요.

상품을 대량 생산하고 싶다면 거래처 디자이너가 내 캐릭터 디자인을 손쉽게 편집해 쓸 수 있도록 해야 하는데요, 다른 사람이 디자인을 편집할 수 있게 캐릭터의 기본적인 소스들을 모아놓은 게 바로 매뉴얼 북이에요.

라이선시를 만나러 가거나 사업 미팅을 할 때 꼭 필요하니 무조건 만드세요.

규격화된 데이터가 없으면 모든 디자인을 새로 다

만들어야 하는데 매뉴얼 북이 있으면 아주 편리해요. "이 색깔들로만 칠해 주세요"라고 남에게 알려주기도 편해요.

수채화를 그릴 때 바로바로 물감을 짜서 쓸 수도 있지만, 팔레트에 미리 짜놓고 굳힌 다음에 쓰면 더 편하잖아요?

저도 처음엔 필요성에 대해 잘 몰랐어요. 그때그때 새로 그린 걸 하나둘 모으다 보니 이게 쌓여서 매뉴얼 북이 완성됐어요.

매뉴얼 북은 각자 효율적인 방법을 찾아서 구성하면 되는데 일단 로고, 기본 및 응용 포즈, 캐릭터와 소품을 배치한 이미지가 들어가야 해요.

저는 한 페이지에 그림을 많이 넣는 편이에요. 그럼 페이지 수가 많아지지 않아요. 응용 동작도 30개가 있으면 이를 한 페이지에 다 몰아넣어요. 캐릭터가 제일 예쁘게 보이는 포즈 10개 정도를 기본으로 해서 응용 이미지를 구성해요.

대표적인 이미지를 모은 포스터도 다섯 장 정도 넣어야 캐릭터의 세계관을 한눈에 보여줄 수 있어요. 매뉴얼 북만 봐도 세계관을 알 수 있게끔 구성하는 겁니다.

또 체크, 하트, 땡땡이처럼 많이 쓰는 무늬, 캐릭터와 같이 쓸 수 있는 색과 패턴의 조합을 한 장의 이미지로 표현해 놓으면 더욱 좋습니다.

가령 핑크색 배경에 케이크를 먹고 있는 '몰랑'에 하늘색 배경으로 조각구름을 넣어도 어색하지 않게 조합할 수 있는 걸 보여주는 이미지를 여러 개 넣는 거예요. 주야장천 핑크색만 쓸 순 없으니까요. 이걸 다 따로 떼서 쓸 수 있게 하는 거죠.

전 조합할 수 있는 이미지를 주제별로 분류했어요. 디저트, 밤하늘이나 꿈 같은 판타지, 과일, 채소, 레스토랑, 기념일, 크리스마스, 가든 등 주제별로 20~30페이지씩 있어요. 다만 이건 시간이 좀 쌓여야 가능할 것 같아요.

그래서 포스터를 만들어 놓으면 정말 편해요. 캐릭

터로 연출할 수 있는 여러 광경을 압축해 보여주니까요. 전 가로형, 세로형, 정사각형으로 나눠 포스터 여러 개를 그려놨어요.

포스터의 이미지 조합은 각자 알아서 하는 거니 꼭 이래야 한다는 규칙이나 가이드는 없어요.

대신 "이 캐릭터는 어떤 느낌의 조합으로 했을 때 가장 예뻐요"라는 걸 보여줄 수 있는 대표 이미지는 무조건 있어야 해요. "그걸 따로 떼서 패턴을 이렇게 조합해 쓰면 됩니다"라고 알려주는 거죠.

포스터만 있으면 어떻게 떼서 써야 할지 모를 수 있으니 배경 따로 소품 따로 모은 페이지도 넣으면 거래처 디자이너가 더 편하게 사용할 수 있어요.

이미지 파일 형태는 어도비사㈜의 일러스트 파일을 제일 많이 써요. 편집해도 망가지지 않으니 그걸로 넘기는 게 가장 좋습니다. 레이어가 나눠진 포토샵 파일도 괜찮아요.

이미지 사용에 대해 알려주는 가이드 규정도 넣으

세요.

"캐릭터의 좌우 반전은 가능합니다, 캐릭터 비율 변경은 불가능합니다, 캐릭터와 소품 비율은 그대로 유지해 주세요"처럼 말이에요. 캐릭터를 확대하고 축소할 때 소품과 캐릭터를 같이 늘렸다 줄여야 해요. 그렇지 않으면 그림이 엉망진창이 돼요.

사용 가이드와 대표 이미지, 소스들 조합 페이지로 구성하면 30페이지는 금방 채워요. 이게 준비되면 최소 1년 정도는 라이선시와 편하게 만날 수 있어요.

상품 디자인 예시 이미지는 많으면 많을수록 좋습니다.

제품군에 따라 다르긴 한데, 캐릭터를 좋아하는 사람들이 즐겨 찾는 팬시류라면 캐릭터가 강조된 디자인을 선호하기 때문에 상품이나 패키지에서 가장 잘 보이는 위치에 캐릭터를 넣어야 해요. 패턴으로 들어가는 건 그리 좋아하지 않아요.

로고도 그저 제목처럼 보이는 것보다 그림과 조화롭게 배치해 디자인의 한 요소로 보이게끔 하는 걸 추천해요.

 배경은 구체적인 풍경보다 체크, 체스판, 물방울, 하트, 줄무늬처럼 옷에 많이 쓰는 패턴과 색깔을 이용해 다채롭게 구성해 보세요. '헬로키티'의 리본처럼 캐릭터에 따라붙는 특정 소품을 배경으로 나열해도 괜찮아요.

 사람들은 패셔너블한 패턴을 좋아하지, 폭포수를 배경으로 한 상품을 사진 않아요. 대학 신입생 노트를 보면 들판이나 폭포를 배경으로 한 건 보기 어렵잖아요? 체리, 파인애플, 복숭아 같은 과일 패턴에 예쁘게 입은 캐릭터가 앉아 있는 걸 많이 사죠.

 문구점에서 갔을 때 가장 많이 보이는 색감이나 소재, 패턴을 보면 파스텔 톤이나 알록달록한 단색 배경일 거예요. 그게 가장 많이 팔리니까 그렇게 그리는 거죠. 색을 조합하기도 편하잖아요? 라이선시는 그런 디자인을 선호해요.
 원경 사진을 배경으로 넣으려고 한다면 정말 잘 그

려야 해요. 그렇지 않으면 그냥 체크무늬를 넣어 색깔만 바꿀 수 있도록 단순한 배경을 쓰는 걸 권해요.

상품에 따라 가로, 세로 면적이 모두 바뀌는데 단색 배경은 여기저기 적용하기 편해요. 얹었을 때도 어색함이 없어요. 풍경은 조금만 잘못 얹어도 캐릭터가 붕 떠 보이거나 그림이 달라져요.

그러니 상품용 캐릭터 디자인은 최대한 단순해야 해요. 어떻게 얹어놔도 캐릭터가 찌그러지지 않도록 하는 게 중요해요. 어느 각도로 뒤집거나 회전해도 어색함이 없어야 합니다. '몰랑'도 계속 새로 그리며 다듬었어요. 오른쪽으로 45도 틀거나 좌우를 뒤집으면 금방 찌그러져 보이니 그걸 다듬는 데 몇 년 걸렸어요.

평생 가는 디자인은 없어요. 때마다 바꿔야 해요.
저는 그때그때 유행하는 소재나 디자인을 반영한 캐릭터를 새로 그려서 계속 매뉴얼 북을 업데이트 하고 있어요.

규모가 크고 오래된 기업일수록 스타일에 따라 매뉴얼 북을 여러 개로 구분해 만들더라고요. 그래서 저도 내 그림이 유행에 뒤처진다 싶으면 손이 좀 많이 가더라도 새로운 걸 추가해 매뉴얼 북 전체를 싹 바꿔서 구분해 놔요.

예를 들어 문구류나 어린이 제품에는 선이 있는 그림, 성인 의류나 가전제품에 들어갈 때는 선이 없는 그림의 매뉴얼 북을 제안하는 식이죠. 적용 상품에 맞게 미리 기획해 보완해 놓는 거예요.

작가는 무조건 '덕후' 여야 한다

새로운 캐릭터가 어떤 게 나왔는지, 요즘 잘 나가는 게 뭔지 알아보려면 인터넷을 뒤지기보다 직접 나가보는 게 좋습니다.

이름을 모르면 검색도 못 해요. 성수동에서 파는 캐릭터가 어떻게 생겼나 가보기도 하고 지금 핫한 곳에서 캐릭터는 어떻게 팔고 있는지 보러 다니세요.

되도록 남의 걸 자주 봐야 발전해요. '완성도가 이 정도는 돼야 성수동에 나올 수 있구나' 라는 걸 느끼면서 시야를 넓혀야 합니다.

저도 시간만 나면 밖에 나가서 상품이 뭐가 있는지 보고 만지고 삽니다. 집에 가면 벽 한쪽이 전부 다 사 모은 상품으로 가득해요. 거기에서 영감이나 아이디어를 얻어요.

맥주 컵을 만든다고 하면 선이 있는 '몰랑'을 넣으면 유치해지니 선이 없는 그림을 넣는 게 더 나아요.

다른 데서 비슷한 상품을 봤기 때문에 그게 더 예쁘다는 걸 아는 거예요. 그걸 보지 않았다면 계속 기본형 그림만 썼겠죠?

이것저것 보고 사면서 제조사가 어딘지 살피고 연락처가 있으면 제안도 해보세요.

'그림을 이렇게 넣으니 예쁘더라'라는 걸 스스로 깨닫고 인쇄 방식이나 가공 방법, 가공 형태 등 시중에 나와 있는 캐릭터 상품을 보면서 관련 정보를 얻으려고 노력해 보세요.

그런 건 누가 가르쳐주지도, 알려주지도 않아요. 일러스트페어에만 있으면 정보의 범위가 제한적이에요. 실 스티커, 키링, 봉제 인형, 아크릴 제품 등 소량 주문 제작 품목에만 한정될 수 있어요.

 물건을 많이 사본 사람이 작가로서도 활동을 잘하는 것 같아요. '덕후'의 마음을 읽어야 '덕후'가 사고 싶은 걸 만들 수 있어요. 그러려면 일반인의 수준을 뛰어넘는 정성과 관심이 필수예요.
 해외에서 무슨 캐릭터가 나오고 일본에서 무슨 캐릭터가 유행하고 디즈니 애니메이션의 평이 어떤지 이런 데까지 관심 있는 친구들이 정보가 밝고 잘 나가더라고요. 무수한 정보와 트렌드를 자신의 캐릭터에 반영해 계속 업그레이드하니까요.

 작가는 무조건 '덕후'여야 해요. 좋아하고 찾아다니고 돈도 써보고 그래야 상품의 단가도 정할 수 있고 자기 디자인의 완성도가 어떤 수준인지도 알 수 있어요.

 내 그림을 그리는 건 어렵지만 스타벅스 로고를 보다가 그걸 리뉴얼한 그림이 갑자기 떠오른다든지, 제품의 마스코트를 그려주는 걸 더 잘한다면 굳이 작가의 길을 선택할 필요는 없어요.

기업의 로고나 마스코트도 캐릭터예요. 캐릭터 디자인 소스를 조합해 기발한 이미지를 만드는 걸 정말 잘하는 분들도 있어요. 디자인 매뉴얼에 대한 이해도가 높고 어떻게 조합해야 예쁜지 알기 때문이에요.

그러니 디자인 소스를 조합하고 연출하는 것에 더 재미를 느끼고 소질이 있다면 꼭 작가를 고집하기보다 디자이너의 길을 가보는 걸 권해요.

작업실을 나가 보고 느끼세요. 외부를 향해 관심을 기울여 보세요. 자신이 할 수 있는 역량을 스스로 깨닫는 게 매우 중요합니다.

출판단지로 갈지
소품 숍으로 갈지
분명히 정하라

이제 막 시장에 진입한 작가들은 콘텐츠 디자인과 상품 디자인에 대한 개념이 모호해요. 그래서 콘텐츠 디자인을 상품 디자인에 그대로 쓰는 분도 많아요.

그러나 인스타툰이나 웹툰처럼 콘텐츠에 쓰이는 캐릭터 디자인과 제품에 쓰이는 디자인은 다르다는 걸 기억하세요.

우선 콘텐츠용 캐릭터를 그릴 거냐, 제품 디자인용 캐릭터를 그릴 거냐를 놓고 자신이 추구하는 방향과 목적을 분명히 정하는 게 좋습니다. 그래야 자신이 어디에 집중해야 하는지 알 수 있어요.

콘텐츠도 만들고 제품 디자인도 그릴 수 있다고 자신하겠지만 절대 혼자 못 해요. 할 수 있는 분량이 아닐뿐더러 물리적으로 그렇게 할 시간이 없어요.

콘텐츠용 디자인은 비교적 자유로워요. 좀 못 그려도 되고 순간적으로 메시지가 재미있으면 그만이에요. 그 장면에서는 캐릭터가 완벽히 그려질 필요는 없어요. 메시지 전달에 중점을 두니까.
그러니 스티커나 티셔츠처럼 인쇄 제품에 쓰기 좋지만, 피규어나 봉제 인형처럼 외형이 있는 상품으로 나오긴 좀 어려워요.
그래서 콘텐츠에 집중할 거면 프린트물, 출판물, 영상물 분야 진출을 염두에 두고 이야기에 어울리는 디자인을 보여주는 게 좋아요.

제품 디자인에 어울리는 캐릭터를 추구하는 작가라면 캐릭터의 세계관이나 디자인을 최대한 단순하게 설정하라고 말씀드리고 싶어요.

'쿠로미', '마이멜로디', '시나모롤' 같은 산리오 캐릭터들도 그리 많은 색이 들어간 게 아니에요. 단순하면서도 예쁘게 보일 수 있는 콘셉트만 담아보세요. 특징이 단순하면 오히려 인식시키기 편해요.

만약 콘텐츠용으로 6등신 캐릭터를 그렸다면 제품용으로는 2등신으로 바꿔주는 게 좋아요. 6등신 디자인을 고집한다면 스티커 같은 프린트물에 쓰는 건 괜찮은데 귀여워서 많이 찾는 피규어나 인형에 적용할 거라면 소비자들이 갖고 싶게끔 만드는 디자인으로 변형해 줘야 해요.

저는 상품 디자인을 기획할 땐 그 상품을 내가 돈을 주고 사고 싶은지를 먼저 생각해요.

매장 진열대에 '헬로키티', '피카츄', '라이언', '몰랑'이 있다면 사람들은 어떤 걸 살지 머릿속에 그려보는 거죠. 소비자의 눈높이는 대기업이 내놓는 상품에 맞춰져 있어요.

그래서 저는 작가가 아닌 대기업을 경쟁자로 설정해 그들이 보여주는 콘셉트나 디자인 수준에 버금갈 수 있게 기획하려고 노력하고 있어요.

연남동에 마련한 갤러리 몰랑도 소비자들이 이곳에 와서 실망하면 어쩌나 하는 걱정 때문에 더 신경 쓰고 매번 새롭게 바꾸려고 해요.

그래서 일부러 명품 숍 같은 비싼 매장에도 자주 가요. 어떻게 매대를 세팅했나, 가격표는 얼마나 예쁘게 해놨나, 매장 콘셉트는 어떻게 바뀌었나 하는 걸 눈여겨보고 배우고 활용하는 거죠.

나보다 높은 위치의 경쟁자들과 겨룬다는 생각으로 최대한 치밀하게 준비해요. 눈높이를 높여놔야 스스로 타협하지 않고 거기에 맞추려고 노력해야 중간이라도 갈 수 있거든요.

디자인한다는 건 그저 예쁜 그림을 그린다는 게 아니에요. 유치하지 않게 그려야 하는데, 그게 너무 어려워요.

어른들은 유치하면 안 사요. 유치하다는 건 포즈보

다 색감이나 요소별 배치가 어른에게 어울리지 않는다는 말이에요.

의류 같은 상품에 조그맣게 들어가면 괜찮은데 크게 넣으면 유치해지는 캐릭터가 있어요. 그럴 때는 캐릭터를 작게 넣고 레터링을 좀 크게 넣는다든가 로고를 필기체로 넣고 캐릭터를 감추는 것처럼 자신의 디자인 감각과 역량을 최대한 발휘해서 사람들이 사고 싶게끔 만들어줘야 해요.

자신의 디자인에 확신이 서지 않으면 객관적으로 볼 수 있는 사람에게 물어보세요.

전 자신이 없는 디자인은 오로지 스포츠만 관심 있는 남동생에게 물어봐요. 남동생은 캐릭터 상품과는 담을 쌓은 사람이거든요. 그럴 때마다 진짜 엉뚱하거나 솔직한 얘기를 해주는데 제겐 정말 도움이 많이 돼요.

디자이너끼리 있으면 새로운 게 잘 안 나와요. 디자인을 아예 모르는 친구에게 물어봐야 일반인의 시각에서 재미있는 얘기가 나오더라고요.

스토리
story

이주성
서울머천다이징컴퍼니 대표

캐릭터의 시조 '피터 래빗'

그림은 만국 공통의 언어죠.

'해외 캐릭터라면 국내 캐릭터와 뭔가 좀 다른 게 있지 않을까?' 라고 생각하는 사람들도 있을 텐데 그렇지 않아요. 우리나라 캐릭터나 미국 캐릭터나 일본 캐릭터나 다 같아요. 소비자의 감정이나 구매 심리, 성향도 어딜 가나 똑같아요.

사실 따지고 보면 그리스 로마 신화에 나오는 데우칼리온의 방주와 구약 성서에 나오는 노아의 방주나 비슷하잖아요?

누가 했느냐에 따라 비슷한 이야기가 조금 다르게 느껴질 뿐이에요. 어느 나라의 캐릭터가 더 낫다거나 특징적이라고 할 수 있는 부분은 없다고 봐요.

하지만 캐릭터 산업의 역사를 짚는다면 좀 달라요. 우리보다 훨씬 깊어요. 캐릭터가 돈이 된다는 개념은 서양에서 처음 태동했어요.

세계 최초의 상업화 캐릭터가 뭔지 아세요? 그건 '피터 래빗'이에요. 최초로 저작권을 가진 캐릭터였으니까요.

'피터 래빗'은 1893년 영국의 아동문학 작가이자 일러스트 작가 베아트릭스 포터(Beatrix Potter, 1866~1943)의 손에서 탄생했어요.

자신을 가르치던 가정교사의 어린 아들이 아프다는 말을 듣고 그를 위로하기 위해 토끼 가족들의 이야기와 그림을 편지에 써서 보낸 것이 시초예요.

'피터 래빗'은 1902년에 동화 시리즈 『피터 래빗 이야기(The Tale of Peter Rabbit)』를 통해 세상에 나왔어요.

이 시리즈는 100년 동안 세계에서 1억 5,000만 부 이상 팔렸고 다양한 팬시상품도 나왔어요. 1936년에 디즈니로부터 영화 제작 제안을 받기도 했는데 실제 스크린에 등장한 건 이보다 한참 뒤였어요

'피터 래빗'의 사례를 계기로 캐릭터 비즈니스란 새로운 산업 형태가 나타났어요.

이야기가 나오고 이를 그림으로 형상화해 OS-MU(One Source Multi Use) 스타일로 퍼져 나가는 사업 방식이 등장하고 작가와 2차 저작권자, 그리고 이를 사업화하는 전문가 집단이 등장했죠. '피터 래빗'이 상업화 캐릭터의 원형으로 일컬어지는 이유는 바로 이 때문이에요.

'피터 래빗'이 최초로 저작권을 가진 캐릭터라면, 1928년에 나온 8분짜리 무성 단편 영화 〈증기선 윌리호(Steamboat Willie, 1928)〉의 주인공 '미키마우스'는 만화나 동화 속 캐릭터가 아니고 2차 상품으로 활용된 최초의 캐릭터로서 캐릭터 산업의 새로운 지평을 열었어요.

해외 캐릭터는 찰스 먼로 슐츠(Charles Monroe Schulz, 1922~2000)가 그린 〈피너츠(Peanuts, 1950년~2000년)〉, 칙 영(Chic Young, 1901~1973)의 〈블론디(Blondie, 1930~)〉처럼 신문의 4~10컷짜리 연재 만화에서 인기를 얻은 사례가 많아요.

당시 연재 만화들은 일종의 공동판매 시스템인 신디케이트(syndicate)를 통해 미국과 유럽 전역으로 퍼져 나가면서 사람들에게 널리 알려졌어요. 서양의 캐릭터 비즈니스는 이런 만화 속 캐릭터를 상업화하면서 발달했어요.

그림이 갖는 의미나 형태는 전 세계 어디서나 같아요. 다만 역사로 보나 시장 규모에 비춰볼 때 사업 방식이나 비즈니스 모델은 우리보다 훨씬 앞서 있거나 더 진화했죠.

우리나라 캐릭터 산업의 역사는 한 30년 정도일 거예요.

우리나라에도 '아기공룡 둘리' 처럼 사랑을 많이 받고 더 클 수 있는 좋은 캐릭터가 많이 있었죠. 그런데 당시에는 지금처럼 분야별 전문가 집단이 없었고 시스템도 아주 엉성했어요. 시장도 초창기여서 산업이 조금만 더 성숙했다면 캐릭터들이 더 큰 빛을 볼 수 있었을 텐데 그러지 못해 아쉬워요.

 산업이 발전하려면 시장의 크기도 무시할 수 없어요. 미국이나 일본은 시장이 넓고 잘 팔리니까 OSMU가 가능해요. 드라마나 뮤지컬, 애니메이션으로 만들고 책으로도 낼 수 있는데 우리나라는 내수 시장이 그리 크지 않고 캐릭터를 즐기는 문화도 상대적으로 덜해서 발전이 더딘 측면이 있어요.

SURVIVAL STRATEGY 14

소비자는 이야기를 산다

　세계관이 캐릭터가 지향하는 일종의 가치나 분위기라면, 스토리는 캐릭터를 설명하는 세부 내용이라고 할 수 있어요.

　일러스트페어 같은 데 가면 수많은 캐릭터를 봅니다. 저마다 세계관이나 스토리를 설명하는데 흡인력은 좀 떨어져요. 왜 그럴까요? 작가들이 놓치고 있는 건 뭘까요?

　문학 용어에 모티프(motif)란 말이 있어요. 화소(話素)라고도 하는데 한 편의 완전한 이야기를 만들어 주고, 전하는 힘이 있는 가장 짧은 내용의 이야기 알맹이를 말해요.

미국의 민속학자 스티스 톰슨(Stith Thompson, 1885~1976)은 모티프를 이렇게 정의하더군요.

"모티프는 설화에서 전승하는 힘을 가진 최소의 요소다. 이러한 전승력을 갖기 위해 비상(非常)하고도 눈을 끄는 그 무엇이 있어야 한다."

서양의 전래동화 『신데렐라(Cinderella)』를 예로 들어 볼까요? "네 자매 중 막내였던 신데렐라는 고약한 성미의 세 이복 언니와 달리 무척 착했다"라는 게 화소예요. 선명하게 기억할 수 있는 강력한 문학적 요소가 곧 모티프죠.

우리가 익히 알고 있는 캐릭터들을 떠올려 보면 다 특징이 있어요. 우리도 주위의 누굴 가리켜 "쟤는 누구, 어떤 캐릭터랑 비슷하다"라고 얘기한 적이 있지 않나요? 그런 것처럼 캐릭터에는 사람의 특성이 깃

들어 있죠.

누군가 "무슨 캐릭터야?"라고 물으면 어떻게 설명하나요? 이름에 어떤 뜻이 있고, 뭘 좋아하고, 성격은 어떻고, 친구들과 뭘 하며 노는지 등 여러 얘깃거리를 말할 거예요.

이런 비교할 수 있는 대표적인 특징, 캐릭터들의 확실한 이야기 요소가 사람들에게 전달되고 받아들여질 때 비로소 작가와 독자가 교감을 이뤄요.

캐릭터에서 화소는 곧 브랜드와 같다고 해도 과언이 아니에요. 그래서 캐릭터의 특성을 확장하는 건 괜찮지만 바꾸는 건 금물이에요. 익숙했던 특징이 바뀌면 감정을 느끼는 포인트가 달라지고 교감의 정도가 반감돼 역효과가 날 수 있어요.

〈피너츠〉란 만화에 관해 얘기해 보죠.

여기에 등장하는 인물은 뭘 할 때마다 실패하는 비운의 주인공 '찰리 브라운' 외에도 담요가 없으면 불안한 '라이너스', 폐소공포증 때문에 지붕 위에서 하늘을 보며 잠드는 비글 '스누피', 똑바로 날지 못하는 '우드스톡', 짝사랑하는 남자에게 매번 거절당하는 '루시 반 펠트' 등 모두 별 볼 일 없어요. 작가는 어디에서 아이디어를 얻었을까요?

〈피너츠〉를 그린 찰스 먼로 슐츠는 소심하고 자폐증을 앓았어요. 다시 말해 작가는 자신의 인생을 만화에 담았던 거죠. 그림의 선도 미세하게 떨려 말끔하지 않은 걸 보면 작가의 특성을 고스란히 느낄 수 있어요.

핀란드의 국민 캐릭터 '무민' 도 작가 토베 마리카 얀손(Tove Marika Jansson, 1914~2001)의 삶과 맞닿아 있어요.

'무민' 은 어릴 적 식탐이 심했던 자신에게 삼촌이 얘기해 준 상상의 괴물을 조금씩 다듬어 완성한 캐릭터예요. 작가는 자신을 캐릭터에 이입해 자신의 삶, 즉 '무민' 의 삶에 관해 이야기하는 소설과 그림책을 썼어요. 덕분에 '무민' 은 디자인과 문학이 결합한 대표적인 스토리텔링 캐릭터가 됐죠.

일전에 〈보노보노(1986~)〉를 그린 이가라시 미키오

(いがらしみきお) 작가를 만나 한 번 물어본 적이 있었어요.

"자신은 어떤 캐릭터와 가장 가깝나요?"
"보노보노, 너부리, 포로리 모두 내 안에 있어요."

작가의 모습과 마음이 곧 작품 속의 캐릭터에 들어 있다는 말이었죠.

작가들이 자아를 캐릭터화하면 한결 수월하게 대중과 교감할 수 있어요. 이런 건 오랫동안 사랑받는 캐릭터, 해외 캐릭터에서 종종 볼 수 있는 특징이라고 봐요. 진솔한 이야기가 사람들의 마음에 와닿으니까.

소비자는 언제라도 그 속에 뛰어들어 즐기려는 준비가 돼 있어요. 또 그런 걸 원해요. 그러려면 스토리텔링을 잘 해야 해요.

국내 캐릭터 작가들은 그림은 잘 그리는데 이야기를 구성하는 건 조금 미흡한 편이에요. 찰스 먼로 슐츠, 토베 마리카 얀손이 시간이 흘러도 여전히 추앙

받는 건 그림도 잘 그리는데 이야기도 잘 썼기 때문이에요.

화가도 자신이 표현하고 싶은 청사진이 있을 텐데 벽이나 캔버스에 무턱대고 아무거나 막 그리지는 않을 거 아니에요? 뭔가 자기 나름의 스토리나 단계를 정해 그렸을 테죠. 먼저 기획하고, 기획한 뼈대를 토대로 그림을 그려나가지 않을까요?

그림이 먼저 나오는 것도 좋지만, 이야기를 먼저 짜는 게 훨씬 더 좋다고 생각해요. 장황하거나 많은 복선을 깔아 세련되고 근사한 스토리를 짜야 한다는 건 아니에요.

예를 들면 레프 톨스토이(Lev Nikolayevich Tolstoy, 1828~1910)의 단편 소설 『바보 이반(Ivan the fool, 1886)』의 이야기 중에서 큰 줄기만 따 와도 얘깃거리를 풍성하게 만들어 낼 수 있어요.

어느 시골에 농부가 세 아들과 함께 살고 있었는데 욕심이 많고 돈만 밝히는 첫째, 둘째와 달리 심성이 착한 셋째 이반 덕분에 세 형제가 사이좋게 지냈다 정도의 소탈하면서도 간결한 이야기만으로도 스토리텔링은 얼마든지 가능해요.

세상에 없던 이야기가 갑자기 하늘에서 뚝 떨어질 확률은 얼마나 될까요? 입에서 입으로 내려오는 이야기나 고전 소설에서 아이디어를 얻을 수도 있고, 우리가 겪는 소소한 일상에 약간의 판타지를 가미한 정도의 간결한 이야기면 충분해요.

어떤 캐릭터가 그려진 컵을 사고 싶은 소비자가 있어요. 단순히 디자인이 예뻐서 사려는 걸까요?

수십 년째 소비자들의 구매 성향을 쭉 지켜본 경험에 비춰보면 그건 아닌 것 같아요.

스토리를 사는 거죠.

대중은 자신에게 맞는 캐릭터를 좋아하고, 그런 캐릭터를 찾아요. 캐릭터 상품은 소비자가 자신과 캐릭터를 동일시하기 때문에 갖고 싶은 거예요.

그림이 예쁘니까 상품이 팔린다? 팔릴 순 있어요. 다만 오래 가진 않을 거예요.

소비자는 스토리에 담긴 그 무엇을 갖고 싶어 해요. 그만큼 스토리를 매개로 한 대중과의 교감이 굉장히 중요해요.

SURVIVAL STRATEGY 15

틀리든 말든
열심히 '썰' 을 풀어보자

  소설, 영화, 드라마, 다큐멘터리, 콩트, 만화, 애니메이션, 웹툰, 게임, 음악 등 우리가 하루에도 수십 번씩 접하는 수많은 콘텐츠에는 이야기가 들어 있어요. 그야말로 이야기 천국이죠.

  그만큼 끌리는 이야기는 정말 무궁무진해요. 모두 다 당신의 마음을 훔치려고 작정하고 만든 이야기니까요.

  우리는 어떤 이야기에 귀가 솔깃해지고 마음이 움직일까요? 어떤 이야기에 편안함을 느끼고, 슬픔이나 기쁨을 느끼고, 호기심을 가지고 상상의 날개를 펼까요?

 사람들이 선호하는 이야기를 유형별로 보기 좋게 정리해 놓은 게 있다면 더할 나위 없이 좋겠지만 아쉽게도 그런 건 세상에 없어요.
 사람마다 마음이나 감정이 움직이는 포인트는 천차만별이에요. 그래서 시대에 따라, 세대에 따라 유행하는 장르는 있겠지만 이야기의 소비 패턴은 종잡을 수 없어요.

 그렇지만 이런 건 있어요.
 도덕과 윤리에 관해 한 번 얘기해 볼까요? 뜬금없이 머리 아프게 웬 도덕과 윤리냐고요? 가볍게 들어보세요. 학교 다닐 때 도덕, 윤리 과목을 배운 걸 기억할 거예요.
 그렇다면 도덕과 윤리의 경계는 어디일까요?

 사상가나 철학자에 따라서 정의가 조금씩 다를 순 있는데 큰 틀에서 보면 도덕은 인간 사회에서 개인이

지켜야 하는 의무를 규정한 것이고, 윤리는 살면서 지켜야 할 이치나 도리 같은 거예요.

길거리에 침을 뱉지 않아야 한다, 버스에서 담배를 피우면 안 된다, 도덕은 이러한 규범들이죠.

윤리는 선과 악을 분별하는 것처럼 우리 마음에 내재한 인식과 같아요. 올바르다고 여기는 생각 또는 마음가짐이라 해둘게요.

우리는 누군가를 해치고, 동물을 학대하고, 부모에게 상처를 입히고, 약자를 괴롭히는 이런 비윤리적인 행태에 분노를 느껴요. 그래서 권선징악 같은 윤리적인 이야기에 감동하죠.

그런데 묘하게도 사람들은 도덕적인 기준에서 약간 벗어나 일탈할 때 쾌감을 느끼기도 해요.

1925년 프랜시스 스콧 피츠제럴드(F. Scott Fitzgerald, 1896~1940)가 쓴 미국의 대표 소설 『위대한 개츠비』에서 자신의 사랑이었던 데이지 뷰캐넌을 되찾기 위해 온갖 노력을 다하는 순정남 제이 개츠비보다, 그의 재력에 호감을 드러내면서도 결국 바람을 피운 남편에게 돌아가고 마는 속물근성이 가득한 데이지에게 사람들은 흥미를 느끼거나 동정심을 가져요.

최인호 작가(1945~2013)의 『내 마음의 풍차(1974)』에서 좀 모자란 이복동생에게 못된 짓을 알려주는 악동 같은 영후를 독자들은 무작정 비난하지 않아요.

니코스 카잔차키스(Nikos Kazantzakis, 1883~1957)의 『그리스인 조르바(1946)』에서는 조르바가 주인공에게 이렇게 말하며 광란의 춤을 춰요.

"반복되는 일상의 도덕에서 벗어나 정신 줄을 끊고(cut the rope) 자유를 만끽하려면 약간의 광기(madness) 같은 게 필요한 거야."

이런 작품들의 특징은 기존 질서나 규범에서 벗어난 흥미로운 이야기를 들려주지만, 역설적으로 그 속에는 윤리의식을 소중히 간직하고 있다는 거예요.

캐릭터도 그래요.

'미키마우스'처럼 앞을 보고 반듯하게 행진하는 착한 애를 좋아하는 사람이 있지만 '도널드덕'처럼

우스꽝스러운 행동으로 시선을 잡아끄는 신 스틸러 (scene-stealer) 같은 캐릭터에 빠지는 사람들도 있어요.

우리 마음속에 있는 윤리적 기준의 울타리를 벗어나지 않으면서도 일탈의 쾌감을 선사하는 캐릭터나 이야기가 사람들에게 매력적으로 느껴질 수 있다는 거죠.

코미디가 그렇잖아요? 예측 가능한 상황이나 생각을 뒤엎는 지점에서 웃음이 터지는 것처럼요.

사람들은 창작물의 흥미로운 이야기를 통해 삶의 의미와 진실을 찾고 싶어 하죠.

마음을 움직이는 이야기는 우주의 별처럼 수없이 많아요. 어떤 별이 더 빛나고 아름답고 황홀하다고 느끼는 건 사람마다 다를 거예요.

모범답안은 없어요. 틀리든 맞든 내가 열심히 풀어서 쓴 답을 사람들이 보고 빨간 색연필로 동그라미 쳐주는 게 많으면 그게 정답일 거예요.

SURVIVAL STRATEGY 16
궁합이 맞는 파트너는 따로 있다

 기업들이 찾는 캐릭터는 업종마다 다른 것 같아요. 기업이 어디에 포인트를 두고 마케팅하느냐에 따라 달라지기도 해요.

 이를테면 나올 때까지 시간이 좀 걸리거나 틀을 만들어 찍어내는 상품을 취급하는 기업은 유행을 덜 타고 무난한 캐릭터를 선호해요.

 성인복이든 아동복이든 의류 하나가 나오려면 1년이 걸려요. 내 캐릭터를 제품에 쓰기로 2월에 기업과 계약했다고 쳐요. 그러면 기업은 내년에 내놓을 S/S

상품을 기획해요. 빨리 서두른다면 그해 F/W 상품을 기획할 수도 있겠죠.

중요한 건 내년에 상품이 나올 때까지 캐릭터가 살아 있어야 한다는 거예요.

큰돈을 들여 제품을 찍어낼 틀을 하나 팠는데 상품이 나오려면 7개월이 걸려요. 그런데 그사이에 캐릭터 인기가 곤두박질치면 어떻게 될까요?

캐릭터가 반짝하다가 사람들의 눈에서 금세 멀어지면, 기업은 만들어 놓은 상품이 팔리지 않으니 당연히 손해를 보겠죠?

상대적으로 문구류는 유행에 민감해요. 그래서 관련 기업들은 그때그때 핫한 캐릭터를 찾아 곧바로 제품에 반영해요. 어떤 기업은 "무슨 놈의 유행이 석 달밖에 안 가냐?"라고 푸념하기도 해요.

그럴 정도로 크기가 작거나 아크릴, 볼펜, 마스킹 테이프 등 프린트 상품류처럼 가공이 수월한 제품군은 소비주기나 인기 캐릭터의 로테이션이 빠른 편이에요.

기업의 규모에 따라서도 찾는 캐릭터가 달라요.

대기업은 움직임이 다소 느려요. 기획에 엄청 신경 쓰고 의사결정 체계도 복잡하니 상품을 내놓기까지 시간이 좀 걸려요. 그래서 벼락스타 같은 캐릭터보다 인기는 좀 덜해도 기복 없이 꾸준히 찾는 캐릭터를 좋아해요.

소비층 주축이 MZ세대이니 그들의 반응에 빠르게 대응하는 기업들도 있어요.

사실 IP(intellectual property rights) 라이선싱 상품은 식음료, 패션, 액세서리, 문구·팬시, 완구, 출판 등으로 한정돼 있어요.

그래서 빨리 만들 수 있고 소비주기도 빠른 상품군을 다루는 기업은 트렌드에 민감하고, 만드는 데 시간이 걸리더라도 꾸준히 팔아서 소비자에게 브랜드 가치를 심어주려는 상품군을 다루는 기업은 무난한 캐릭터를 찾아요.

SURVIVAL STRATEGY 17

디자인으로
이야기를 풀어내라

 아무리 사람들에게 인기가 높은 캐릭터라고 해도 디자인이 떨어지면 외면받아요. 디자인이 허접하면 제품이 제대로 나올 수가 없어요. 이건 아무리 강조해도 지나치지 않아요.

 캐릭터가 지닌 스토리를 디자인으로 풀어내는 것이 작가의 역할이에요.
 캐릭터 작가는 단순히 뭔가를 창작해 그려내는 사람이 아니고 캐릭터의 이야기를 좀 더 자연스럽게 전달하는 그림을 그리는 사람이라고 생각해요.

『무민 가족과 보이지 않는 손님(1962)』이란 책을 보면 '닌니'라는 눈에 보이지 않는 아이가 나와요. 무시당하거나 학대를 당해 자존감을 잃은 나머지 자신의 모습을 잃어 리본과 치마 밖에 안 보여요.

'닌니'는 진심으로 화를 내면 모습을 볼 수 있어요. 화를 낸다는 건 자존감을 회복했다는 의미거든요.

우리도 보이지 않는 아이 '닌니'의 콘셉트를 담은 컵을 만들어 유니세프나 어린이 후원단체와 손잡고 프로모션을 펼치면 어떨까 생각하고 있어요. 잃어버린 자존감을 되찾으면 모습이 나타나는 '닌니'의 이야기를 상품에 녹여 캐릭터의 특성이 잘 드러나게 하고 싶어요.

이런 게 바로 캐릭터 작가가 할 일이자, 캐릭터 작가가 보여줄 수 있는 가장 강력한 힘이에요.

소비자는 그런 스토리와 재미를 보고 제품을 삽니다. 캐릭터 작가가 이야기를 최대한 발휘할 수 있는 형태의 디자인을 파트너사에 제공해야 하는 이유죠.

디자인의 완성도를 높이고 콘셉트도 1년에 한 번씩 바꿔 보는 건 어떨까요?

매년 한 해에 유행할 색이나 패턴, 테마, 라이프스타일이 나오잖아요? 이에 맞춰 디자인이나 콘셉트를 바꿔 보는 거예요.

인스타그램에 연재물을 올리는 것도 좋은데 원형을 훼손하지 않는 선에서 디자인도 트렌드에 맞춰 조금씩 꾸준히 리뉴얼해 새로움을 보여주면 파트너사도 좋아해요.

장수하는 캐릭터는 처음 나왔을 때와 모습이 달라요. '미키마우스'도 10년 단위로 디자인을 리뉴얼해요.

현재에 맞게 매년 디자인이 조금씩 새로워지잖아요? 그러면 예전의 디자인을 기억하는 세대와 지금의 디자인을 좋아하는 세대를 모두 팬으로 만들 수 있어요. 1928년에 태어난 '미키마우스'가 그려진 옷을 입은 엄마와 아이가 나란히 걸어가는 걸 봐도 전혀 어색하지 않은 것처럼 말이에요.

캐릭터를 키우려면 꾸준한 노력은 필수예요. 디자인도 그렇고 마케팅도 마찬가지죠. 돈 들여서 행사도 하고 프로모션도 하고 전시회도 열어야 해요. 대중이, 소비자가 잊지 않도록 하는 거예요.

2025년은 스웨덴 작가 아스트리드 린드그렌(Astrid Lindgren, 1907~2002)이 쓴 동화 『내 이름은 삐삐 롱스타킹(1945)』의 주인공 '말괄량이 삐삐', 그리고 '무민'의 탄생 80주년이에요. '미피'도 70주년이 돼요.

그래서 그때를 위한 팝업스토어, 프로모션, 이벤트를 대대적으로 준비하고 있어요. 사실 우리도 귀찮고 하기 싫어요. 힘들고 밤새 일 해야 하니까.

하지만 즐길 거리와 얘깃거리를 끊임없이 만들어 소비자에게 던져줘야 하기 때문에 고생해서라도 하는 겁니다.

SURVIVAL STRATEGY 18

오래 가려면
타깃을 좁혀라

 요즘 공감이나 힐링 코드로 20~30대에게 어필하려는 캐릭터가 많은데 캐릭터가 오래 살려면 타깃이 정확해야 해요. 타깃층을 좀 더 세분화해 파고들어야 해요.

 타깃을 폭넓게 잡는 건 더 많은 사람에게 사랑받으려 하기 때문이겠죠. 그렇지만 과녁은 더 좁혀야 해요. 양궁에서 화살을 과녁 정중앙(X10)에 맞히면 점수가 가장 높다는 걸 아실 거예요.
 같은 이치예요. 핵심 타깃에 적중하면 훨씬 더 강

력하고 두터운 팬덤을 얻을 수 있어요.

 타깃은 바뀌지 않아요. 나이를 먹어 자연스레 떠난 그 자리는 다음의 누군가로 계속 채워져요.
 제가 다섯 살 때 좋아했던 걸 수십 년이 흐른 지금도 그때처럼 좋아할 순 없겠죠. 대신 그때의 감정은 시간이 흘러도 여전히 마음속에 남아 있어요. 제가 떠난 그 자리는 또 다른 다섯 살짜리 아이로 채워져요. 자리는 그대로예요. 사람만 바뀔 뿐이죠.

 캐릭터는 나이를 먹지 않아요. 타깃층과 같이 늙어가서도 안 돼요. '미키마우스'가 어느덧 95세가 됐지만 1928년에 처음 나왔던 아이 같은 그 모습 그대로 머물러 있어요.
 시간이 흐르면서 출판, 애니메이션, 드라마, 웹툰, 음악 등 캐릭터를 활용한 콘텐츠가 많아지면 좋아하는 팬과 즐기는 세대가 더 넓어져요. 어릴 적 좋아하던 캐릭터를 자신의 아이에게 권하니까요. 세대가 바뀌어도 사랑받는 비결이죠.

캐릭터는 특징을 가져야 해요.

예를 들면 항상 말을 거꾸로 한다던가, 긴장할 때마다 코를 후빈다든지 하는 그런 거요. 타깃 대상이 즐거워할 만한 강력한 요소만 갖추면 돼요. 대중이 호감을 느끼는 전형적인 특징을 캐릭터에 다 담을 수 없지만 담아서도 안 돼요.

그리고 시간이 지나도 항상 그 자리에 그 모습으로 남아 있어야 해요. 사람들은 자신과 코드가 맞거나, 즐거움을 얻을 수 있는 캐릭터에 호감을 보이기 마련이죠. 조금 삐딱한 모습이어서 사랑을 얻은 캐릭터라면, 걔는 계속 그렇게 가야 해요. 갑자기 개과천선하거나 바른 생활 사나이가 된다면 팬들은 떠나갈 거예요.

좀 더 많은 사람에게 사랑받고 싶다는 욕심에 특징을 마구 늘리면 전하려는 즐거움의 본질이 흐려져요. 캐릭터가 쉽고 친근해야 하는데 어렵고 낯설게 느껴지는 거죠. 개성 넘치는 그 무엇 하나만으로 특징을 간결하게 보여주는 게 더 좋아요.

사람들에게 강렬한 인상을 남길 수 있는 요소는 스토리예요.

그래서 뒤늦게라도 책을 내는 걸 추천해요. 책이 없다는 건 스토리가 없다는 말과 같다고 생각해요.

어려워 말아요.

스토리텔링 전문가와 책을 만들어주는 회사는 많아요. 전자책도 괜찮아요. 전자책의 장점은 그래픽이 더 생생하고 그림을 움직이게 할 수도 있어요. SNS나 온라인에서의 활용도도 높아요. 책 말고도 캐릭터의 특징과 이야기를 보여줄 방법은 다양해요. 블로그도 좋아요.

요즘 이모티콘을 그리는 분이 많더군요. 이모티콘의 기능은 그림으로 내 감정을 상대에게 보여주는 거잖아요?

이모티콘도 캐릭터처럼 스토리 요소를 갖고 있으면 좋아요. 달랑 이모티콘 그림 하나로 끝내지 말고 더 많은 얘깃거리와 즐거움을 줄 수 있는 방법을 찾아보면 어떨까요?

에이전시를 운영하면서 젊은이들 사이에서 인기 있는 이모티콘으로 IP 사업을 해보면 어떠냐는 제안을 많이 받곤 해요.

그런데 소비주기가 워낙 빨라서 뭘 좀 해보려고 하면 이미 사람들 관심에서 멀어져 있더라고요. 수년째 기복 없이 사랑받는 이모티콘이라면 사정은 조금 다르겠지만, 이모티콘 IP를 호흡이 긴 사업으로 연결하는 게 좀 어려워요.

그렇지만 이모티콘의 스토리가 좋다면 책이나 웹툰, 테마 전시 같은 방식으로 풀어갈 수 있는 루트가 생길 수 있어요.

캐릭터를 띄우는 것보다 이모티콘으로 단박에 뜰 수 있는 기회가 더 많으니 그쪽으로 몰리는 분위기잖아요? 그런데 그림만 좋으면 잘 팔릴 거라 믿는 건 큰 오산이에요.

〈보노보노〉의 캐릭터 이모티콘이 6년째 나오고 있어요. 로열티가 꾸준히 들어오는데 액수도 상당해요.

〈보노보노〉에서 평소 물을 두려워하는 캐릭터의 이야기를 따와 쏟아지는 물에 기겁하는 모습을 표현한 이모티콘이 있어요. 저는 이것이 이야기 속에 드러난 캐릭터의 특징을 재치 있고 임팩트 있게 보여준 대표적인 사례라고 봐요.

이모티콘도 뛰어놀 이야기 무대가 있다면 OSMU가 가능해요. 그런데 작가들은 거기까지 생각하지 않는 것 같아 조금 안타까워요.

SURVIVAL STRATEGY 19

당신의 솔깃한 제안을 마케터는 기다린다

 K-팝이 세계적으로 인기를 끌게 된 건 최고의 전문가들이 모였기 때문에 가능했어요.

 최고의 가수, 최고의 댄서, 최고의 작곡가, 최고의 프로듀서, 최고의 마케터까지 각 분야 최고의 전문가들이 역량을 한데 모은 덕에 지금의 K-팝이 탄생했다고 생각해요.

 모든 걸 혼자 하려고 하지 말아요.

 시쳇말로 글쟁이, 그림쟁이가 할 수 있는 게 있고 장사꾼이 할 수 있는 게 따로 있어요. 개인이라서, 소

규모라서 협업 파트너를 구하기 쉽지 않다는 건 알아요. 그래도 전문가를 찾아 협조를 구하려는 노력이 필요해요.

"저 이거 만들었는데 좀 봐주세요", "저와 협업할 의향이 있나요?", "전 이런 게 있어요"라며 열심히 제안해 보세요. 메일을 쓰든, 공식 채널이나 계정에 메시지를 보내든, 마케터가 모이는 행사장에 가든, 전화로 문의하고 직접 회사를 찾아가든 적극적으로 그들에게 다가가세요.

그러려면 제안서를 잘 써야 해요.

"제 캐릭터는 이런 성격인데요, 얘를 좀 이렇게 키워나가고 싶어요", "귀사의 브랜드 아이덴티티가 이런 것 같은데 제 캐릭터를 쓰면 이런 강점이 있을 거예요", "우리 캐릭터를 쓰면 10만 개가 팔리는 시간을 석 달에서 한 달로 줄일 수 있어 수익이 더 높아져요"처럼 제안을 받은 파트너사가 솔깃할 만한 내용을 담아 보세요.

마케터가 원하는 제안서를 만들어 보내주면 최고

예요. "나와 협업하면 당신은 이렇게 큰 매출을 올릴 수 있어" 라는 부분을 어필하세요.

겁내지 말아요.

그들이 들어오는 제안서를 모두 검토하는 건 아니지만 그렇다고 귀찮아하지도 않아요. 마케터도 나무 밑에 앉아 그저 열매가 떨어지기만을 기다리고 있진 않아요. 팔릴 만한 무언가를 계속 찾고, 자신들의 상품이나 테마에 어울리는 최적의 협업 대상을 찾고 있어요.

그러니 자신의 캐릭터와 잘 어울리는 분야와 업종, 기업, 파트너사를 부지런히 찾아서 제안하면 꼭 연락을 받을 수 있을 거예요.

SNS나 온라인에 마케타가 보고 혹할 만한 홍보 콘텐츠도 열심히 올려 봐요. 그들이 관심을 가질 주제와 연관한 내용이라면 눈에 확 띌 수 있어요.

브랜드
brand

조현경
로그인디 대표

SURVIVAL STRATEGY 20

소비자가 불러줘야 브랜드가 된다

  흔히 '상표=브랜드'라고 생각하실 거예요.

  사전에서도 이 둘을 '기호나 문자, 도형으로 상품의 식별을 돕는 표지(標識)'라고 설명하고 있으니까요.

  그런데 정확히는 모르지만, 여러분은 이 둘이 조금은 다르다는 것을 '느낌적인 느낌'으로 어렴풋이 알고 있을 걸요?

  상표는 지식재산권처럼 법적 권리를 확보하고 상품과 제조사를 알리려는 목적이 강하다고 한다면, 브랜드는 소비자의 마음을 겨냥한 마케팅과 연관돼 있어요.

 상표를 시각적 이미지라고 한다면 브랜드는 감성적 이미지라고 볼 수 있죠.

 상표는 자사 상품이란 걸 알리기 위해 붙인 하나의 상징이에요. '이것은 우리 상품입니다' 라고 소비자에게 알리고 인식시키는 기능이 강합니다.
 그런데 브랜드는 달라요. 인정하고 받아들이는 소비자가 하나둘 늘면서 만들어지는 거예요. 그래서 '브랜드를 형성한다' 라고 표현하는 거죠.

 이름을 지었다고 해서 저절로 브랜드가 되는 건 아니에요. 누군가가 불러주고, 알아주고, 기억해 줘야 비로소 브랜드가 될 수 있어요.

 김춘수 시인(1922-2004)이 쓴 〈꽃〉이란 시에 이런 구절이 나와요.

 내가 그의 이름을 불러주기 전에는

그는 다만
하나의 몸짓에 지나지 않았다.
내가 그의 이름을 불러주었을 때,
그는 나에게로 와서
꽃이 되었다.

 어떤 말인지 감이 오나요? 소비자가 이름을 불러 줄 때, 그제야 상표가 브랜드로 바뀌는 겁니다.

 상표를 붙여 상품을 파는 건 누구나 할 수 있어요. 하지만 소비자가 상표를 브랜드로 인식하느냐, 안 하느냐는 전혀 다른 문제예요.

 불러줘야 꽃이 되는 것, 그게 바로 브랜드가 갖는 핵심 가치예요.

 밀가루로 유명한 대한제분의 상표 곰표가 브랜드로 자리 잡은 게 대표적이죠.
 북극곰 캐릭터 '표곰이'를 내세운 이색 콜라보레이션 마케팅에 20~30대가 환호하면서 밀가루 상표에 불과했던 곰표가 이제는 즐거움을 주는 하나의 브랜드로 거듭났어요.

 소비자들의 호응이 높아질수록 브랜드가 커지고, 인지도가 높아지니 상표권을 가진 제품도 늘고 있어요.
 기업마다 브랜드를 외치는 이유를 이제 아시겠죠?

SURVIVAL STRATEGY 21

만만한 브랜드가
소유욕을 높인다

 소비자는 브랜드에 종속되길 원하는 사람이 아니에요. 그 브랜드를 소유하고 싶어 해요.

 원하는 브랜드를 소유했을 때, 사람들은 자신의 이미지가 그와 동일시된다고 믿어요. 명품을 갖고 싶은 마음, 비싼 차를 갖고 싶은 마음이 이런 거죠.

 소비자는 브랜드가 나를 어떻게 표현해 주는지를 중요하게 생각해요.

 애플의 아이폰과 삼성의 갤럭시폰을 예로 들어볼까요?

아이폰은 사용 환경이 폐쇄적이에요. 호환성도 낮죠. 디바이스 가격도 비싸요. 그렇지만 '난 너와 좀 달라' 라는 걸 사람들에게 은근히, 그러면서도 직관적으로 보여줄 수 있는 하나의 상징이 됐죠.

갤럭시폰보다 보안성이나 기기 성능이 더 우수해 사용하는 분들도 있겠지만, 그러한 불편함이나 고비용을 감수하고도 애플을 선택하는 이유는 기술의 혁신, 디자인의 진보로 상징되는 글로벌 IT 기업의 브랜드를 자신과 동일시하려고 하기 때문이에요. 그래서 '애플빠'란 충성도 높은 소비자들이 나타난 것이고요.

소비자가 브랜드를 소유하게 하려면 브랜드가 좀 만만해야 해요.

만만하다는 게 그저 저렴하고 어디서나 쉽게 볼 수 있어야 한다는 의미가 아니에요. 브랜드에 관한 얘깃거리를 사람들이 공유하고 저마다 그 브랜드에 아는 정보가 많아야 한다는 뜻이에요. 서로 알고 있는 분야나 정보가 달라서 얘기를 주고받다 보면 이들끼리 팬덤이 생기고 커뮤니티가 만들어지니까요.

그러려면 소비자 눈높이에 맞는 메시지를 던져줘야 해요. 그들이 브랜드를 갖고 놀게끔.

예전에는 "우리 브랜드가 이런 가치를 담고 있어요"라고 근엄하게 일방적으로 전하는 것이었다면, 이제는 화젯거리, 얘깃거리, 즐길 거리를 던져주면서 브랜드의 핵심 가치를 자연스럽게 녹여내고 있어요. 그래서 요즘 브랜드들은 정말 겸손해졌어요. 눈높이에 맞으니 친근해진 거죠.

가수 박재범 씨가 '원소주'라는 전통 소주를 만들어 본격적으로 사업을 시작해 화제가 된 것을 기억하실 거예요

탄생 비화가 이래요. 박재범 씨가 평소 소주를 즐겨 마셨는데 해외 파티에도 종종 들고 갔대요. 그런데 그곳에서 만난 셀럽들이 녹색 소주병을 계속 들고 오니 "네 이름을 딴 술이니?"라고 물었답니다.

해외에서는 제이 지(Jay-Z)의 아르망 드 브리냑 샴페인, 조지 클루니(George Clooney)의 카사미고스 데킬라, 라이언 레이놀즈(Ryan Reynolds)의 에비에이션 진처럼 아티스트의 이름으로 술이 많이 나오니까 그런 거 아니냐

고 물었던 거죠.

우리나라에서는 연예인 얼굴로 광고만 하지, 외국처럼 아티스트가 좋아하는 술을 만들어 출시한 게 없으니 자기도 술을 직접 만들어야겠다고 그때 생각했대요.

자신이 생각한 콘셉트를 들고 양조장을 찾아가 발품을 팔며 노력한 끝에 드디어 박재범의 '원소주' 가 세상에 나왔는데 아시아를 넘어 미국에서도 팔리고 있다고 해요.

소주는 보통 삼겹살집이나 횟집에서 많이 찾잖아요? 젊은이들이 자주 찾는 클럽에서 찾아보기 어려웠는데 '원소주' 는 홍대 클럽에서도 팔렸어요.

소주가 아무리 특별해 봤자 그냥 여러 술 중의 하나일 뿐이라고 생각할 수도 있잖아요?

그런데 여기에 '박재범이 여행이나 해외 공연에 갈 때 챙겨가는 술', '자기가 좋아서 만든 술이라는데 그럼 박재범은 어떤 술맛을 즐겼던 걸까?', '박재범이 음악을 크게 틀면서 소주로 칵테일을 만들어 마신다던데?' 등의 얘깃거리와 궁금증이 계속 더해지니 소주가 기존의 생각을 뛰어넘는 새로운 소주가 됐어요. 원소주는 보드카처럼 특별한 술이란 인식이 생긴 거예요. 소주가 '힙'해진 거죠.

알려지지 않은 양조장에서 만들어진 소주에 콘셉트를 부여하고, 이야기가 입혀지고, 그걸 얘기하는 화자가 곧 셀러가 되면서 평범한 술이 마법을 부린 것처럼 특별한 술로 바뀌었어요.
브랜드가 얘깃거리를 어떻게 만들어 어디서 누가 어떻게 던지느냐가 중요하다는 걸 엿볼 수 있는 사례라고 할 수 있어요.

요즘 소비자들이 눈여겨보는 건 브랜드 액티비즘(activism)이에요.
브랜드가 행동하느냐, 안 하느냐를 소비의 기준으로 삼아요. 자신들이 중요하다고 생각하는 가치에 브랜드가 동참하느냐 안 하느냐를 보는 거죠.
지구온난화에 따른 기후변화, 빈부격차에 따른 양극화 심화, 혐오에 따른 차별, 이기주의로 인한 극단적 대립 등 사회적 이슈를 해결하기 위해 브랜드가 동참하고 변화하고 노력하는 모습을 보이느냐, 그렇지 않느냐가 소비자들이 브랜드를 선택하는 중요한 요소가 된 겁니다.

최근 기업마다 ESG(Environmental·Social·Governance) 경영을 외치고 있잖아요? 지속 성장하기 위해서 환경을 지키고 사회적 책임을 다하며 협치하고 소통하겠다는 뜻이에요.

지구환경 보전을 기치로 내건 파타고니아란 의류 회사는 자사 제품이 친환경과 거리가 멀다고 느낀다면 소비자에게 사지 말라고 권하기도 해요.

우리나라에서 6월이 '호국보훈의 달'인 것처럼 미국에서는 6월이 '프라이드 먼스(Pride Month)'로 알려져 있어요. 그때가 되면 성 소수자가 차별 없이 살아가는 세상을 상징하는 무지갯빛 깃발이나 장식이 거리 곳곳을 가득 메워요.

이때 글로벌 기업들은 '인종이나 성에 어떠한 편견도 갖지 않는다'는 걸 강조하기 위해 저마다 무지갯빛 디자인을 입힌 상품을 내놓는 이벤트나 프로모션을 펼쳐요.

소비자들은 대놓고 말하지 않지만 '그런 거 안 하면 우린 널 외면할 거야' 라는 마음이 한구석에 있어요.

그러다 보니 브랜드가 과거에는 바위 덩어리처럼 견고하고 투박했다면, 지금은 말랑말랑한 스펀지처럼 변했어요. 이쪽저쪽 소비자에 잘 스며들려고 애쓰고 있어요. 브랜드의 가치와 철학을 유머러스하고 부드럽게 전하는 거죠.

브랜드가 이모티콘이나 캐릭터에 눈을 돌린 건 이 때문이에요.

글, 말, 영상으로 힘줘 말하기보다 길어야 1~2초에 그치지만 캐릭터가 주는 순간의 웃음과 즐거움이 소비자의 감정을 변화시키는 데 매우 효과적이란 걸 알았으니까요.

사람들은 크든 작든, 길든 짧든 브랜드에서 얻는 즐거움이 있고, 그걸 즐기려고 지갑을 열어요.

밀가루 상표였던 곰표 이름을 붙인 맥주가 나왔어요. "이런 촌스러운 이름은 뭐냐"며 호기심을 드러내면서도 맛은 별로 기대하지 않았는데 마셔보니 완전 예상 밖이었던 거죠. 거기에 귀여운 백곰 그림이 더해지니 젊은이들의 마음에 쏙 든 거예요.

그러니 곰표를 맥주로 처음 접한 이들은 밀가루 브랜드란 걸 모르고 맥주 브랜드로 알아요. 나중에는 곰표를 거꾸로 쓴 표문 막걸리도 나왔어요. 상품의 본질에 충실하면서 브랜드를 즐기고 기억하게 하는 다양한 실험과 시도라고 할 수 있어요.

지금은 브랜드들이 권위적인 걸 내려놓고 요즘 세대의 입맛에 맞는 흥미로움을 앞세워 한층 밝고 젊어지고 있어요.

내 팬이 있을 곳을 찾아라

 마케팅은 언제나 현재진행형이에요. 마켓에 'ing'를 붙여 마케팅이라 부르는 것처럼요.

 마케팅할 때 소비자들에게 다가가는 수많은 경로가 있는데 이를 소비자(고객) 여정이라고 불러요. 상품 인지부터 자사의 소비자가 될 때까지의 과정을 일컫는 말인데요, 고객들이 어떤 여정을 거쳐 우리 제품을 접하는지를 아는 게 중요해요.

 지금처럼 인터넷이나 SNS처럼 온라인이 발달하

지 않았던 옛날에는 공급자가 어디 어디에만 제품을 알리면 그냥 판매되는 매뉴얼 같은 게 있었어요. 'AIDMA'라는 이론이 마치 공식처럼 쓰였죠.

1920년대 미국의 경제학자 새뮤얼 롤런드 홀(Samuel Roland Hall, 1876~1942)이 저서에서 제창한 것인데요, 소비자들이 구매에 이르는 심리적 발전 단계를 표현한 말이에요.

'AIDMA'는 광고에 주목(attention)하고, 흥미(interest)를 일으키고, 다시 욕망(desire)을 일으켜 그 상품명을 기억(memory)시킴으로써 구매 행동(action)으로 옮아가게 한다는 과정을 뜻해요.

예전에는 신문이나 잡지에 광고를 내서 사람들의 관심을 끌고, 사고 싶은 마음을 불러일으켜 이름을 기억하게 한 뒤 지갑을 열게 했죠. 요즘처럼 미디어 채널이 발달하지 않았을 땐 이 방식대로 마케팅 전략을 짜면 통했어요.

근데 지금은 온·오프라인에 플랫폼과 매체가 수없이 널려 있어서 더 이상 이 방식이 통하지 않아요. 이제는 소비자의 행동과 구매 패턴이 저마다 다르게 나타나기 때문이에요.

요즘은 브랜드들이 어디에서 자사 고객을 만날지 모르니까 SNS에 채널을 만들어 광고하고 팔로어도 관리하고 오프라인 행사도 나가요.

그러면서 고객을 찾으려면 어디가 더 효율적인지를 데이터로 측정해요. 이를 통해 '우리는 신문광고와 맞지 않아', '네이버보다는 인스타그램이 더 낫고 유튜브보다 틱톡이 더 좋아', '상설 매장보다는 팝업스토어로 접근해 보는 게 좋다' 처럼 전략을 가다듬어 최적의 홍보 방법을 찾습니다.

그래서 브랜드가 과거와 달리 요즘에는 소비자와 직접 호흡하는 걸 추구해요. 소비자도 다매체 다채널 시대에 정보가 여기저기에서 쏟아지니 더욱 능동적으로 움직일 수 있는 환경이 만들어지고 즐길 거리가 많아져 굉장히 즐거워해요.

과거에는 브랜드가 "고객은 왕이다" 이러면서 소비자 목소리에 귀를 기울였는데 지금은 '어떻게 하면 우리의 고객이 되는 걸 넘어 우리의 팬으로 만들까'를 고민해요. 팬을 형성하는 마케팅, 팬덤 마케팅이 중요한 시대죠.

팬이라면 그저 상품 구매에 그치는 게 아니라 이걸 사보라며 친구들을 데리고 올 정도의 사람이어야 해요. 그 브랜드의 소식을 계속 받아보고 싶고, 그걸 들었을 때 주변에 퍼뜨리는 역할을 하는 소비자가 곧 팬이에요.

애플 소비자는 대부분 팬덤 마인드를 갖고 있어요. 그걸 지탱하는 건 저는 자부심이라고 생각해요. 자부심과 '너와 달라'라는 차별성. 애플 제품을 쓰면 이 지점과 자연스레 연결돼요.

애플의 힘은 이용자 경험(user experience)인 것 같아요. 다른 곳에서는 접할 수 없는 특별한 경험을 주는 것 말이예요.

손가락 두 개로 화면을 키우는 방식, 스마트폰의 홈 버튼을 없앤 것, 클라우드 서비스로 여러 디바이스에서 데이터를 공유할 수 있는 방식처럼 세상에 없던 수많은 혁신이 애플에 빠지게 하는 팬덤을 만들어 왔어요.

지금의 20~30대 소비자에게 제일 중요한 건 내가 아는 브랜드냐 아니냐가 아니에요. 내가 경험해 본 브랜드냐 아니냐를 따져요.

그래서 팝업스토어에 줄 서서 들어가 직접 만져보고 사진도 찍고 굿즈를 사요. 그러고 나면 그 브랜드를 대하는 마음이 달라져요. 상품이나 서비스를 체험하게 해주는 리뷰 마케팅, 시식 마케팅이 다 그런 맥락이에요.

작가라면 자기 그림을 좋아하는 팬이 어디에 있는지 잘 살펴야 합니다.

내 걸 좋아하는 소비층이 어떤 미디어, 어느 채널에 많이 있는지 알아봐야 해요. 틱톡, X(트위터), 인스타그램, 유튜브, 스레드, 페이스북 등 내 그림을 누구에게 보여줄지, 누가 좋아했으면 하는지 따져서 우리나라뿐 아니라 해외 채널에도 올려 봐요.

쌓이는 콘텐츠가 많아야 한다며 매일매일 올리는 것도 물론 중요하지만, 효율적으로 하려면 타깃층이

주로 머무는 그 공간에 집중적으로 올리세요.

캐릭터를 탄생시킬 때 타깃, 전달하려는 메시지는 그 누구보다 작가가 가장 잘 알고 있어요. 그러니까 누구에게 알려주고 싶은지 타깃을 정해 하나하나 풀어 봐요.

그리고 캐릭터를 좋아하는 팬들이 원하는 게 무엇인지, 팬들과 소통은 어떻게 할 것인지, 또 자신의 캐릭터를 제대로 이해하고 좋아하는 마케터를 찾는 것도 아주 중요합니다. 마케터는 시대의 트렌드와 시장 현황을 파악하는 데 더듬이를 곤두세우고 있는 사람들이라 이들과 긴밀히 소통할수록 작가들에겐 이득이에요.

개인 작가가 캐릭터에 관한 '떠들 거리'를 알릴 수 있는 수단은 SNS가 가장 효율적이에요. 사실 쓸 수 있는 수단이 없긴 하지만요.

SNS에는 연재를 위한 연재물보다 이틀에 한 번이라도 임팩트 있는 콘텐츠를 올리는 게 좋아요. 일상의 모습에 소소한 이야기를 얹어 매일매일 올려 꾸준함을 보여주는 것도 좋지만 사람들이 기억할 수 있도록 하는 게 더 효과적이에요.

비슷비슷한 콘텐츠가 온라인에 수없이 널려 있어요. 그중에서 좀 더 빛나 보이려면 남다른 아이디어가 필요해요. 가슴을 울컥하게 하는 이야기나, 예상치 못한 반전으로 큰 웃음을 주거나, 해시태그 주제어 범위를 다르게 설정해 본다거나, 현 세태를 풍자해 본다거나 등등.

사진 몇 장, 글 몇 줄만 쓸 수 있는 제한된 공간에서, 개인 채널이 넘쳐나는 광활한 온라인 공간에서 자신의 캐릭터가 주목받으려면 콘텐츠를 주목받을 수 있게끔 만들어야 해요.

콜라보레이션이 마케팅에 등장한 건 지금으로부터 10여 년 전이에요.

콜라보레이션은 주로 외국에서 브랜드와 브랜드끼리, 디자이너와 브랜드가 손잡고 이색적이고 특별한 제품을 내놓는 형태의 프로모션 이벤트였는데 우리나라에서 활성화된 건 4~5년 전 정도 됐어요.

콜라보레이션은 브랜드를 즐기는 색다른 방법이

자 브랜드 영역을 넓혀주는 마케팅 방식이에요. 지금은 정말 다른 세계에 있는 브랜드들이 서로 손잡고 새로운 상품을 내놔요. 믹스 매치(Mix-Match) 같은 느낌이랄까요? 하나의 멜로디를 여러 형태로 변주해 계속해서 새로운 느낌을 주면서 브랜드를 리뉴얼하는 효과를 주죠.

상대에게, 내 팬에게 캐릭터 색깔을 명확히 전달하지 않은 상태에서 콜라보레이션을 하면 브랜드 컬러가 희석될 수 있어요.

그러니 팬덤이 조금 탄탄해지고 100명이 됐든 1,000명이 됐든 내 캐릭터의 어떤 부분을 정확히 이해한 사람들이 있다는 확신이 들면 그땐 정말 어느 곳과 콜라보레이션을 해도 상관없어요. 내 영역이 확실해진 그때부터는 얼마든지 가능해요.

다만 캐릭터끼리의 콜라보레이션은 기대한 만큼 시너지효과가 나오지 않을 수도 있어요. 톤이 다르고 느낌도 다르면 서로에게 좋지 않아요.

겹치지 않는 다른 분야와 협업하는 건 유명세를 떠나 캐릭터를 알리는 차원에서 적극 추천해요. 예를 들어 유무형의 서비스를 제공하는 브랜드와 협업하면 자신의 캐릭터를 더욱 돋보이게 할 수 있어요.

그러므로 자신의 캐릭터와 어울릴 만한 브랜드에 직접 콜라보레이션을 제안해 보는 것도 좋아요. 아니면 협업 의사를 은근히 내비치는 방식도 괜찮아요.

어떤 작가는 스타벅스 로고와 브랜드를 다양하게 변주한 그림을 SNS에 올렸는데 팔로어가 엄청나게 늘어서 비록 다른 브랜드였지만 콜라보레이션하는 데 성공했어요.

콜라보레이션을 유인해 보는 것도 자신이나 캐릭터를 알리는 좋은 방법일 수 있어요. 떡볶이 브랜드와 함께 해보고 싶다면 그냥 내 채널에 그 브랜드를 등장시켜 계속 얘기해 봐요.

내가 하고 싶은 콜라보레이션 그림을 그려 본다든지 하면서 그 브랜드를 좋아하고 내 캐릭터가 잘 어울린다는 걸 직간접적으로 드러내 봐요.

SURVIVAL STRATEGY 23

소비자에게 선택권 넘겨 새로운 스토리를 만들어라

'마시마로' 캐릭터는 2000년에 태어났어요.

'뽀로로'보다 3년 먼저 태어났으니 벌써 24년이 됐네요. '마시마로'는 2000년대 중후반까지 최고의 전성기를 보내다가 오랜 휴식기를 가졌는데, 십수 년의 공백기를 깨고 2023년에 다시 돌아왔어요.

그때를 기억하는 세대들이 이제는 20~40대가 됐는데 지금도 잊지 않고 반기는 걸 보면 캐릭터의 힘이 얼마나 강력한지 알 수 있죠.

추억 속의 옛날 캐릭터라고 생각할 수 있지만, 새로운 아트워크로 다시 등장하자 '레트로(retro)'가 아닌 '뉴트로(New+retro)'이면서 젊은 세대가 좋아하고 즐기는 '영트로(Youing+retro)'의 아이콘으로 받아들여 졌어요.

옛날부터 지금까지 '신세대', 'X세대', 'MZ세대' 같이 젊은 층을 지칭하는 용어는 매번 새롭게 등장하고 있어요. 그만큼 20~30대가 소비 트렌드를 이끄는 세대로서 중요한 마케팅 대상이기 때문이에요.

이들은 대부분 자신을 위해 소비합니다. 자신보다 가족, 윗사람을 위해 소비하는 경향이 짙은 40~50대와는 다르죠.

특히 미디어를 찾거나 다루는 데 익숙하고 미디어를 좌지우지할 수 있을 정도로 영향력이 커요. 미디어의 주 소비자이자 콘텐츠 생산자니까요. 그러니 시장에서는 이들의 성향이나 관심사, 문화, 움직임을 눈여겨보는 거예요.

20년이 넘은 커뮤니티 사이트 디시인사이드를 찾는 주 이용자도 여전히 20대예요. 시대는 달라져도 또 다른 20대가 주류 세력으로 활동하고 있다는 얘기예요.

'마시마로'에 레트로 콘셉트를 씌우지 않았던 것도 이 때문이에요. 그때의 10~30대나 지금의 10~30대나 똑같이 새롭게 받아들이는 캐릭터로 보여주려고 했어요.

'마시마로'를 모르는 사람도 팬으로 끌어들이려면 상품군이 많을수록 좋다고 믿는 사람들이 많을 거예요. 그런데 저는 '개성을 중시하는 요즘 시대에 과연 소비자들은 똑같은 걸 갖고 싶을까?' 라는 생각이 들었어요.

옷을 예로 들어볼까요? 길거리를 지나거나 지하철 안에서 한 번쯤 자신과 비슷하거나 똑같은 옷을 입은 사람을 보고 멋쩍은 웃음을 지은 적 있지 않나요? 유니폼이 아닌 이상 나와 같은 옷을 입은 사람을 만나면 조금 어색한 감정을 느낄 거예요.

옷을 골라 입는다는 건 자신의 취향이나 개성을 드러내는 행위라고 생각해요.

그래서 저는 똑같은 디자인의 옷을 많이 찍어내기보다 나만의 디자인을 나만의 방식으로 즐기면서 다른 사람에게도 보여주고 싶은 옷을 떠올렸어요. 같은 디자인, 같은 패턴이라면 금방 싫증 낼 수 있으니까.

코로나19 창궐 전에 프랑스 파리의 르 봉 마르셰 백화점(Le Bon Marché Rive Gauche)에 간 적이 있는데, 1층에 200㎡ 정도 되는 공간에 수많은 종류의 와펜을 갖다 놓고 고객들이 알아서 가방이나 옷에 붙일 수 있게 했더라고요. 와펜을 붙여 자기만의 퍼스널리티(personality)를 완성해 보라는 의미였죠. 똑같은 오브제를 각자의 방식으로 감상하고 즐기게 한 점이 새로웠어요.

여기에서 '패션은 커스터마이징이다'란 힌트를 얻어 '마시마로' 팝업스토어에서 비슷한 걸 시도했어요. 소비자가 '마시마로' 캐릭터의 다양한 아트워크를 활용해 티셔츠와 에코백을 원하는 대로 즉석에서 디자인할 수 있게 했어요.

패션 아이템에 캐릭터 그림을 마음대로 자유롭게 얹어보라고 했더니 똑같은 아트워크인데도 수백 장의 다른 디자인이 나오더라고요. 정말 신기했어요. 소비자들은 세상에 하나밖에 없는, 일종의 한정판 디자인의 티셔츠를 만들어 사 간 거죠. 한 달에 5,000

장이 팔려나갈 정도였으니 반응이 꽤나 좋은 편이었어요.

 이처럼 공급자가 아니라 소비자의 손에서 굿즈가 완성되도록 하는 게 자신의 취향과 개성을 우선시하는 요즘 세대들에게 들어맞는 마케팅의 한 방법이라고 생각해요.

 캐릭터 상품이나 패션 아이템이 아니더라도 소비자에게 다양한 선택권과 즐거운 아이템을 무심한 척 툭 던져주면 소비자가 알아서 재밋거리를 찾아내고 또 다른 스토리를 만들어내고 있어요. 이제는 공급자가 아닌 소비자가 트렌드를 만드는 시대니까요.

 이런 걸 '드롭(Drop) 마케팅'이라 해요.

 명품 브랜드들도 자사 SNS를 통해 이런 방식으로 신제품이나 한정판, 콜라보레이션 제품을 사전 예고 없이 공개하기도 해요. 언제 공개할지 모르니 팬이 된 소비자는 매일 SNS를 들락거리게 되죠. 이런 팬이 많아지니 이제는 무작위로 추첨해 제품 구매 기회를 주는 '래플(Raffle) 마케팅'이 등장하기도 했어요.

캐릭터 같은 콘텐츠는 생물과 같아요.

온·오프라인에 공개하는 순간 캐릭터는 사람들이 갖고 놀고 소비하면서 그들에 의해 변화하고 진화한다고 믿어요.

시대의 흐름이나 대중의 기호에 따라서 캐릭터를 이해하고 소비하는 방식은 달라질 거예요. 그러니 "얘는 원래 이런 애예요"라고 알리고 설득하기보다 소비자가 캐릭터를 어떻게 얘기하고 소비하는지 지켜보고 귀를 기울이세요.

그에 맞춰 마케팅을 기획하고 그에 맞는 상품을 만들면서 소비자 니즈에 부응해 간다면 팬덤은 분명 한층 더 단단해질 거예요.

SURVIVAL STRATEGY 24

스토리텔링으로
캐릭터를 각인시켜라

상품 마케팅과 캐릭터 마케팅의 접근 방법은 다른 것 같아요.

상품은 실체가 있지만, 캐릭터는 손에 잡히지 않는 추상적인 언어와 비슷해요. 무형의 이미지나 감정을 파는 것과 같다고 할 수 있어요.

그래서 브랜드가 지닌 가치와 이를 키우고 알려 나가는 브랜딩 작업이 더없이 중요해요.

특히 이미지를 소비하는 것이어서 소비자에게 어떤 이미지를 각인시키느냐가 캐릭터의 생명력과 성패를 좌우할 수 있어요.

캐릭터 사업에 나선 작가들이 부딪히는 가장 큰 장벽은 캐릭터의 메시지나 가치를 브랜딩을 통해 알리고 싶은데 그게 생각처럼 잘 안 된다는 것이겠죠.

브랜드는 이름, 로고, 캐릭터, 슬로건, 컬러 등 시각적인 이미지와 감성적인 이미지가 결합한 형태예요. 굴리면 점점 커지는 눈덩이와 같은데 처음 구심점이 되는 눈을 단단히 뭉치는 과정이 좀 지난해요.

어떻게든지 일단 인식시키고 어떤 성격을 갖고 있으며 무슨 재미를 줄 건지, 어떤 정체성을 갖고 사람들에게 알려지기 시작하는 단계까지 가는 게 가장 어려워요.

브랜드의 정체성은 한 번에 완성되지 않아요. 여러 가지를 계속 시도하고 바꾸려는 노력이 쌓여서 점차 견고하게 굳어지는 겁니다.

브랜드 정체성을 만드는 건 이름이 될 수도 있고 이미지가 될 수도 있고 제품의 효용성도 있을 수 있어요.

하지만 가장 중요한 건 스토리예요.

소비자가 브랜드, 상품에 관한 얘기를 많이 나눌 수 있는 유무형의 '떠들 거리'를 만들어야 합니다.

에이전트는 잠재력 있는 IP를 고를 때 스토리가 있느냐 없느냐를 주로 살펴요. 그래픽 요소만으로도 캐릭터가 소비될 수도 있어요. 하지만 지속적인 소비를 유도하려면 흥미를 끌 만한 이야기가 있어야 한다는 거죠.

스토리를 그저 막연하게 생각하지 말아요. 무뚝뚝하지만 속정이 깊은 성격의 캐릭터를 보여주고 싶다면, 그러한 성격이 잘 드러나는 상황을 소재로 짤막한 에피소드를 만들면 돼요.

카툰이든 일러스트든 짧은 글이든 아무거나 좋아요. 캐릭터가 지닌 메시지나 개성을 잘 드러낼 수 있다면요.

이러한 스토리텔링이 차츰 쌓이면 캐릭터의 색깔이 명확해지고 사람들에게 선명하게 인식될 수 있어요. 캐릭터 정체성이 확실해지면 브랜딩 작업도 한결 수월해져요.

   자전거 페달을 밟아 바퀴를 계속 굴리는 것처럼 계속 뭔가를 하지 않으면 브랜드는 정체돼요. 움직이지 않으면 브랜드는 어느 순간부터 뒤처지고 잊혀요.
   페이스북에 달랑 사진 1~2장만 있으면 휴면 계정 같잖아요? 사진을 올리고 글도 쓰고 내가 뭘 했는지 알리고 누군가의 계정에 댓글도 달며 소통해야 그 사람이 존재한다고 생각하는 것처럼, 꾸준한 스토리텔링을 통해 자신이 누군지 말하고 알리고 끌어들여야 브랜드가 발전합니다.

플랫폼
platform

박준홍
핸드허그 대표

쑥쑥 크려면
플랫폼에 올라타라

1인 창작자들이 힘들어하는 건 이 부분일 거예요.

 창작 활동이 경제적인 보상으로 연결되지 않는다는 점, 물어보거나 정보를 공유할 만한 곳이 별로 없다는 점 이 두 가지가 아닐까요?

 그래서 창작자가 상품을 어디에 내놓고 팔아야 할지, 어떻게 하면 수익을 올릴 수 있을지 오랜 시간 고민한 끝에 젤리크루를 개발했어요.

 젤리크루는 커머스 플랫폼으로 시작해 지금은 창

작자가 수익을 창출할 수 있는 하나의 생태계로 성장하고 있어요.

 창작자들과 손잡은 건 2017년부터예요. 당시 캐릭터 시장은 애니메이션 등을 통해 대중에게 잘 알려진 몇몇 캐릭터의 상품을 대량 생산해 판매하는 방식이 일반적이었어요. 개인 창작자가 콘텐츠를 상품화해 판매할 수 있는 틈이 거의 없었습니다. 있었다고 해도 비집고 들어가기가 무척 어려운 환경이었죠.

 그때 저는 콘텐츠 시장 자체가 변화하고 있다고 생각했어요. 개인 창작자의 콘텐츠가 기존 시장을 대체하리라 봤어요. 그렇다면 그에 맞춰 기업 중심의 소품종 대량 생산 유통 방식이나 구조뿐 아니라 개인 창작자들의 다품종 소량 생산품도 유통할 수 있는 인프라도 반드시 필요할 것이라고 예상했죠.
 기존 시장의 진입 문턱을 낮추고, 새로운 콘텐츠에 적합한 새로운 상품을 폭넓은 방식으로 판매하는 새로운 시스템을 만들어보려고 한 겁니다.
 저희가 오프라인 직영 매장과 유통 위탁 채널을 꾸

준히 늘려가고 있는 것도 창작자들의 새로운 상품을 더 많이 보여주고 더 많이 팔릴 수 있도록 인프라를 깔아놓는 노력이라고 보시면 좋을 것 같아요.

대중적인 제품의 대량 생산·판매가 이뤄지는 매스(mass) 시장에서 개인 창작자가 자신의 상품 하나를 팔려면 해야 할 게 정말 많아요.

젤리크루는 상품을 만들어 입점만 하면 나머지 판매, 유통, 물류, 배송, 정산 업무까지 다 해주니 창작자는 정말 편해요. 또 플랫폼에서 성과가 좋으면 따로 계약을 맺어 IP를 더 키워 나갈 기회도 얻을 수 있어요.

이제는 모바일 디바이스를 기반으로 한 콘텐츠 플랫폼이 많이 나와 있고 개인 창작자가 콘텐츠로 수익을 창출할 수 있는 플랫폼도 많이 등장했습니다.

하지만 그중에서도 젤리크루가 독보적인 건 단순히 굿즈를 위탁 판매하는 수준을 넘어 개인 창작자나 IP를 브랜드로 육성해 함께 성장하는 시스템을 갖췄기 때문이에요.

이러한 시스템으로 흙 속의 진주를 발굴해 전략적으로 육성한 캐릭터로는 영이의 숲 작가의 '꽃카'가 대표적이에요.

'꽃카'를 처음 본 건 2020년이었을 겁니다. 그땐 제가 직접 유망 작가님을 찾아 발굴하던 때였는데요, 제 기억으로는 당시 인스타그램 팔로어가 1만 명이 채 되지 않았고 상품을 만들어 판 경험도 그리 많지 않았어요.

그런데 전 수많은 IP 중에서 '꽃카'의 캐릭터성이 분명하다고 느꼈어요. 일단 캥거루과인 쿼카란 동물이 참신했고 디자인에서도 도드라진 특징이 엿보였어요. 또 세계관을 기반으로 여러 활동을 보여주고 있어서 성장 잠재력이 높다고 봤죠.

그래서 연락을 드려 입점을 제안했고, 6개월 정도 지났을 무렵부터 본격적으로 IP를 키우기 위해 작가님과 라이선싱 계약을 맺었습니다.

뭔가 될 것 같은 감(感)에만 의존해 무작정 결정한 건 아니에요.

저희는 데이터를 중요하게 보기 때문에 입점 후 매

출 추이와 소비자 반응을 분석한 끝에 투자를 결정했던 겁니다.

시중의 반응을 살피려고 테스트 상품을 기획해 내놨는데 예상이 적중했어요. 이런 적중이 여러 번 반복되면서 성공을 확신했던 거죠.

'꽃카'와 더불어 요즘 인기가 높은 '망상리토끼들'이란 캐릭터도 지금의 성공이 있기까지 많은 테스트를 거쳤어요.

여기에서 강조하고 싶은 건 여러 차례 시도한 끝에 2~3개의 IP가 성공한 게 아니라 치밀하게 준비한 두어 번의 시도가 모두 성공으로 이어진 사례라는 겁니다. 이러한 시도를 결정하기까지에는 수많은 테스트가 필요했죠.

콘텐츠 육성 사업이란 측면에서 본다면 저희는 아이돌을 키우는 연예기획사와 비슷해요. 수백 명의 연습생 중 경쟁을 실력과 스타성을 갖춘 연습생을 아이돌로 데뷔시키는 것처럼, 수백 개의 캐릭터 가운데 유망한 캐릭터를 선별해 스타 IP로 키웁니다.

그런 스타 캐릭터 하나의 인지도를 올리기 위해 회사의 역량을 한 곳에 집중시켜 성공 모델을 탄생시키는 거죠.

이러한 성공 모델과 차곡차곡 쌓여가는 소비자 데이터가 있으니 또 다른 유망 IP를 발굴하면 비슷한 결과를 낼 수 있다는 자신감이 있어요.

그래서 선제적 투자도 아끼지 않아요.

검증을 마친 캐릭터들의 팝업스토어를 하나 열려면 조형물이나 상품을 만들고 인테리어를 꾸미는 데 돈이 만만찮게 들어요.

재고 부담이나 손실 우려를 감수하면서도 투자를 아끼지 않는 건 창작자들이 잘돼서 성공 모델이 많아질수록 젤리크루를 중심으로 창작자들이 모일 것이고, 콘텐츠 커머스 생태계도 자연스레 커질 수 있기 때문이에요.

우리는 에이전트이자 투자사예요. 또 제조·유통사도 겸하고 있으니, 창작자는 우리와 1:1로 논의해 결정하면 원스톱으로 상품화 사업을 펼칠 수 있어요. 기존 플랫폼이 중개, 또는 연결의 역할에 머무른 것과 확실히 다른 점이라고 할 수 있죠.

 개인 창작자가 홀로 활동하면서 사업화로 성공할 확률은 사실 제로에 가깝다고 봐요. 성장에 한계가 있거든요. 그래서 에이전트처럼 사업을 맡아줄 전문가가 필요합니다. 젤리크루의 문을 두드려 보세요.

SURVIVAL STRATEGY 26
어떤 상품과 연결해 감성을 전달할 것인가?

콘텐츠마다 어울리는 상품은 달라요. 상품을 구경하려고 클릭한 수와 실제 구매로 이어진 건수(구매 전환율)를 보면 알 수 있어요.

똑같은 상품이어도 어떤 콘텐츠는 구매 전환율이 5%도 안 나오는데 다른 콘텐츠는 20%가 나오는 경우가 있어요.

물론 콘텐츠의 성격이 중요하겠지만 콘텐츠와 잘 어울리는 상품을 어떻게 기획하느냐에 따라 판매율이나 구매 전환율의 차이가 굉장히 커요.

서정적이고 감성적인 일러스트 이미지로 피규어를 만든다거나, 귀엽고 아기자기한 그림을 인테리어를 위한 대형 포스터로 만든다면 적절한 기획이 아니겠죠?

 콘텐츠에 적합한 상품을 어떻게 기획하고 어떻게 디자인해 어떻게 팔 것이냐가 상품 판매량을 좌우합니다.

 피규어를 만든다고 한다면 랜덤 피규어가 어울릴 것이냐, 퀄리티 높은 디오라마 형태의 피규어가 나을 것이냐, 그러면 누구에게 어떻게 팔 거냐 같은 기획에 따라 유통처가 달라지고 판매량도 달라져요.

 일러스트페어에 가보면 자그마한 안경닦이 수건을 많이 팔더군요. 프린팅 제품이니 저렴하게 만들기 쉽고 상품군도 다양하다는 걸 보여줄 수 있으니까요. 창작자들의 마음을 충분히 이해하는데, 사실 이것은 수요가 적은 제품이에요.

 지제류나 잡화류는 귀여운 디자인이 들어간 제품을 쓰면서 정서적 만족감을 느끼기 때문에 구매하는

데 안경닦이는 그렇지 않아요. 구매에 영향을 주는 주된 요소가 디자인보다는 오염물을 잘 닦는 본연의 기능에 있거든요. 그런 측면에서 볼 때 아예 팔리지 않는 상품이라고 말할 순 없지만 그렇다고 기획이 좋은 상품으로 보긴 어렵죠.

선택의 폭을 넓히고 풍성하게 보이도록 상품군을 늘리는 건 좋은데 상품군이 확대됐다고 해서 판매율도 높아지는 건 아니에요.

개인 창작자가 만들 수 있는 상품은 사실 제한적이죠. 큰돈을 들일 수 있는 여건이 아니므로 인쇄 제품이나 커팅 제품 위주로 나올 수밖에 없어요.

그런 맥락에서 캐릭터 분야에서 지제류나 잡화류가 많이 나오고 또 많이 팔리는 이유가 있습니다.

품질은 어느 정도 평준화됐다고 보고 어떤 그림이 들어가 있는지 디자인 요소가 상품을 선택, 구매하는 결정적 요인으로 작용하기 때문이에요.

반면 식음료나 의류 상품이라면 재료나 맛, 소재, 기능, 미적 요소처럼 상품의 본질적 가치와 품질을 먼저 따진 뒤에 어떤 캐릭터가 있는지 살펴보겠죠?

그래서 지제류나 잡화류 이외의 상품군에서 캐릭터 그래픽만으로 구매 전환율을 극적으로 끌어올리는 건 한계가 있어요.

젤리크루에 입점한 수많은 작가 중에는 캐릭터가 아닌 패턴 디자인으로 상품을 기획하는 분들이 꽤 있어요.

실제 패턴 제품의 판매량도 상당합니다. 캐릭터를 전면에 드러내지 않거나 아예 캐릭터가 없는 패턴 디자인이 작가의 브랜드가 됐고, 소비자는 그러한 디자인이 좋아 상품을 구매하는 거죠.

사진을 찍어서 레터링이나 캘리그래피를 넣어 지류나 패브릭류 상품으로 만들어 파는 분도 있어요.

이처럼 패턴 디자인이 마음에 들어 상품을 사고, 작가의 창작 스타일에 대한 호감이 팬덤으로 이어지는 경우가 많아지고 있어요.

그래서 이제는 캐릭터라는 경계가 사라지고 디자인이란 큰 틀에서 여러 가지 실험을 시도하는 작가가 늘고 있어요. 이들 중에는 적어도 3~4년 이상 해오며 여러 시행착오를 겪다가 새로운 아이디어로 돌파

구를 찾은 분이 있을 수도 있고, 캐릭터보다 자신의 감성으로 접근하겠다는 분도 있을 수 있어요. 또 자신이 문구 작가 또는 개인 브랜드라고 생각하는 분도 있겠죠?

이들처럼 자신만의 독특한 감성으로 팬덤을 만든 뒤 캐릭터를 차츰 알려 나가는 것도 대중에게 다가가는 또 다른 방법일 수 있어요.

과거에는 소수의 회사가 캐릭터나 디자인을 만들어 대형 유통처를 통해 대량의 상품을 판매하던 방식에서 이제는 다수의 창작자가 소량의 다양한 상품을 통해 각자의 개성과 감성을 파는 방식으로 시장의 흐름이 바뀌었어요.

따라서 창작자는 그림만 잘 그리기보다 자신이 전하려는 감성이 무엇인지 깊이 이해하고, 이를 어떤 상품으로 연결해 소비자에게 전달할 것인지를 잘 생각하는 능력이 필요해요.

다시 말해 상품을 기획하려면 자신의 콘텐츠에 대한 이해가 가장 중요합니다. 소비자에 대한 이해는 그다음이에요.

내 콘텐츠가 담고 있는 감성과 메시지는 무엇인가, 그렇다면 누구에게 어떤 방식으로 사랑받을 수 있는가에 대한 생각을 먼저 정리해야 해요.

개인 창작자들과 함께 일하다 보면 이런 일을 겪기도 해요.

"이 제품은 이렇게 기획해서 이렇게 팔려야 가장 좋은 반응이 있을 겁니다"라고 하면 "내가 알기로는 그건 이래요, 그래서 안 했으면 좋겠어요"라고 말하는 분들이 있어요.

"내 캐릭터는 절대 이렇게 되면 안 돼요. 절대 여기서 팔 수 없어요. 이런 상품은 만들지 않았으면 좋겠어요"라고 하는 분들도 있습니다.

저희가 이해한 당신의 콘텐츠가 이런 방식으로 많은 사람에게 알려졌으면 좋겠다고 제안한 방향과 창작자가 생각하는 방향이 너무 다를 땐 곤혹스러워요.

물론 창작자의 의견이 중요하니 일방적으로 끌고 갈 순 없어요. 그렇지만 콘텐츠의 상품성을 높이려고 아이디어를 짜느라 야근하는 직원들을 보고 있으면 안쓰럽기도 해요.

상품을 기획하고 제조하고 유통하는 전문가의 의견을 존중하는 마음이 필요해요. 전문 영역이 명확히 다르다는 걸 이해해 주면 좋겠어요.

창작자의 콘텐츠를 소비자에게 전달하는 과정에는 많은 사람의 노력이 들어가요.

여러분의 콘텐츠를 많은 이에게 알려 돈을 벌 수 있게 만들어주는 파트너의 노력을 좀 더 개방적이고 적극적인 마인드로 바라봐줬으면 하는 바람이에요.

10~20대 여성이 팬덤의 바로미터

  인지도가 빠르게 올라가는 캐릭터는 캐릭터성이 분명하다는 공통점이 있어요.

  최근 활동이 활발한 '망상리토끼들'은 수많은 토끼 캐릭터 중 하나인데요, 귀가 땅에 끌릴 정도로 길어요. 긴 귀를 가진 토끼의 특성을 더욱 도드라지게 강조한 덕에 사람들이 쉽게 기억할 수 있는 거죠.

  모두 똑같은 곰, 고양이, 토끼, 강아지라고 해도 명확하게 구별하고 확고하게 인지할 수 있는 지점들을 시각적으로 표현하려고 고민해 보세요. 비슷비슷해 보여도 적어도 두세 군데 정도는 달라야 눈길을 끌 수 있다고 생각해요.

그리고 새로운 아트워크, 새로운 볼거리와 콘텐츠를 제공해야 사람들의 관심과 감정이입을 유도할 수 있어요.

한 번 인기를 얻은 캐릭터가 얼마나 오래 갈지는 아직 검증이 더 필요해요.

플랫폼을 이용하는 소비자 데이터를 보면 어떤 캐릭터는 갑작스레 인기를 얻었다가 1년도 채 되지 않아 금방 내려갔지만, 어떤 캐릭터는 2019년부터 지금까지 줄곧 매출 상위권을 유지하고 있기도 해요.

캐릭터마다 천차만별이지만 확실하게 말할 수 있는 건 창작자의 노력과 파트너사의 노력이 더해져 팬덤이나 인지도가 일정 수준 쌓이면 예상보다 인기가 꽤 오래간다는 거예요.

이러한 캐릭터의 특징은 새로 유입되는 팬이 적지만 그렇다고 떠나는 팬도 적다는 겁니다. 코어 팬층이 만들어져 팬덤이 오래도록 지속되고 다져지는 거죠.

젤리크루 플랫폼의 주 구매층은 10~20대 여성이에요. 캐릭터 산업 전체를 놓고 본다면 구매층은 더 넓어질 수 있습니다만, 캐릭터 상품의 핵심 소비층인 이들을 공략해야 확장성을 기대할 수 있어요.

이들에게 인지도와 충성도를 높여 핵심 팬덤을 다져놔야 다음 단계의 비즈니스가 가능해요. 30대 여성이 지지하는 캐릭터가 있다 해도 10~20대 여성이 따라가진 않거든요. 이들의 팬심이 주축이 돼야 더 넓은 연령대로 팬덤을 넓혀갈 수 있어요.

결국 10~20대 여심을 사로잡아야 소비층을 넓히고 파급력을 높여 대중적인 캐릭터로 성장할 가능성이 커집니다.

앞에서 젤리크루는 아이돌 연예기획사라고 비유한 걸 기억하시나요?

연습생 중에는 가창력이 좋은 사람이 있고, 춤을 잘 추는 사람도 있고, 얼굴이 잘생기거나 예쁜 사람도 있어요. 이들이 데뷔하려고 스스로 의상을 준비하고, 무대를 꾸미고, 방송을 준비하고, 앨범을 만들고,

여기저기 다니며 얼굴을 알리는 건 플랫폼의 도움 없이는 불가능해요.

꼭 젤리크루가 아니더라도 개인 창작자가 IP를 전략적으로 붐업(boom-up)하고 캐릭터 비즈니스를 본격적으로 해보고 싶다면 꼭 파트너와 손을 잡길 바랍니다.

캐릭터가 뜨는 시점은 라이선시가 계약하자고 손을 내밀 때라고 봅니다. 계약을 제안한 건 기업이 나름 돈과 시간을 들여서 IP의 가치를 이모저모 따져서 내린 결론이니까요.

젤리크루가 유망 캐릭터를 어떻게 선별해 손을 내미는지 궁금해하는 분들이 많을 겁니다.

저희는 자의적인 판단은 배제한 채 오로지 데이터만 보고 뜰 만한 IP가 어떤 건지 판단해요. SNS의 구독자나 팔로어 수 같은 인지도, 상품군, 온오프라인 활동량, 참신성, 작가의 디자인 역량, 파트너사에 대한 협업 의지, 입점 후 매출 추이, 클릭 수와 구매 전환율 등 다양한 요소를 정량화해 점수를 매겨서 최고점을 받은 창작자와 전략적 파트너십 계약을 맺습니다.

창작자들의 상품을 사고파는 커머스 플랫폼 중 젤리크루가 1위인 만큼 수많은 라이선시가 주목하고 있습니다. 우리도 창작자와 직접 라이선스 파트너 계약을 맺기도 하니 입점하면 더 많은 기회의 문이 열릴 거예요.

SURVIVAL STRATEGY 28

굿즈보다
콘텐츠 먼저 챙겨라

굿즈(goods)와 프로덕트(product)의 차이를 아시나요?

둘 다 상품을 뜻하지만, 굿즈는 특정 콘텐츠를 인지하고 관심이 있어야 사는 것이고, 프로덕트는 일상에 필요하기에 사는 거예요. 굿즈 소비 패턴이 일회성이라면 프로덕트는 반복적이죠.

팬덤을 만들고 충성도를 높이는 요소는 굿즈도, 프로덕트도 아니에요. 바로 콘텐츠입니다.

콘텐츠의 매력, 생산 주기, 소통을 위한 노력 등이 결합해야 비로소 팬덤이 만들어질 수 있어요.

숱한 노력으로 초기 팬덤을 형성했다면 슬슬 굿즈를 만들어보세요.

팬심 표현이 제품 구매로 이어질 수 있어야 팬덤이 차츰 단단해져요. 이때는 실용성이나 다른 제품과의 경쟁을 떠나 좋아하는 콘텐츠 상품을 살 수 있다는 것 자체가 중요하거든요.

굿즈를 통해 팬덤이 견고해졌다면 이제는 전문 파트너와 함께 프로덕트에 도전해 봐요.

캐릭터 상품 중에는 아트워크 기반의 스티커류 비중이 여전히 높아요. 큰돈 들이지 않고 캐릭터를 잘 보여줄 수 있고 비교적 빠르게 소비자의 반응을 확인할 수 있으니까요. 부피도 작아 보관이나 운송이 편하니 이제 막 사업을 시작한 작가들에게 적합한 상품으로 추천할 만해요.

사업을 시작한 지 3~4년 정도 됐다면 시장 트렌드와 타깃, 파트너사 등 여러 요소를 고려해 품목을 정하는 게 좋습니다.

우선 시시각각 변하는 유통 트렌드를 주시할 필요

가 있어요. 온오프라인에서 유행하는 실물·디지털 굿즈가 뭔지를 잘 살펴 비용 대비 효과를 극대화할 수 있는 게 어떤 건지 찾아야 합니다.

타깃은 'MZ세대'처럼 광범위하게 잡지 말고 보다 촘촘하게 규정할 수 있는 층을 겨냥하세요.
MZ세대는 10대 미만, 10~20대, 20대 초반, 20대 중후반~30대 초반처럼 연령대가 넓어요. 또 이들 사이에는 소비성향, 소구 포인트, 주요 유통채널, 잘 어울리는 제품군에도 많은 차이가 있어요.

참고로 말씀드리면 MZ세대는 제품과 함께 경험을 중시하는 경향이 있어요. 그래서 단순히 제품을 보여주는 것 외에 기억에 남을 '경험'이라고 느낄 만한 장치를 제공하는 것이 매우 중요해졌습니다.
실제 많은 플랫폼과 오프라인 채널이 이용자가 직접 참여할 수 있는 형태의 이벤트로 경험의 가치를 제공하면서 머무는 시간을 늘려 궁극적으로 매출 폭을 키우고 있어요. 사진, 추첨, 놀이 같은 이벤트로 다양한 경험을 주는 팝업스토어가 대표적이죠.

MZ세대의 97%가 어떤 종류든 팝업스토어를 이용한 경험이 있고, 그중 81%가 팝업스토어 방문 이후 해당 브랜드의 상품을 찾거나 소비한 적이 있다고 답한 자체 데이터를 볼 때 팝업스토어가 MZ세대의 놀이터로 자리 잡았다는 걸 알 수 있어요.

MZ세대는 언뜻 보면 즉흥적인 소비를 즐기는 것처럼 보이지만 자신들의 행동과 결정에 큰 의미를 부여하는 특성도 있어요. 따라서 프라이빗(private), 한정판처럼 특별한 가치를 부여해 즐거움을 줘야 그들의 마음을 사로잡을 수 있어요.

게다가 자신과 브랜드를 동일시하는 모습도 있어 본인의 만족감과 경험을 다른 사람과 공유하는 데 적극적이에요. 이를 통해 자신의 정체성을 드러내는 거죠.

마지막으로 파트너사는 젤리크루 같은 유통 플랫폼, 제조사, IP 관리사 등이 있는데요, 계약 기간·취급 품목·제품이 나오기까지 걸리는 시간·생산 최소 주문량 등 제품화 조건과 환경이 어떤지 꼼꼼히 확인해 보길 바랍니다.

  개인사업자 형태로 사업하는 작가들이 많은데 사업을 관리해줄 수 있는 파트너사를 선정해 제품화를 진행하면 많은 도움이 될 거예요.

라이선싱
licensing

이승용
치킨라이스콘텐츠 대표

SURVIVAL STRATEGY　29

라이선싱은
내 IP를 빌려주는 것

한 20여 년 전이겠네요.

제가 라이선싱 사업에 대해 배울 땐 정말 어디 물어볼 데가 없었어요. 그래서 외국에서 관련 책을 들여와 밤낮으로 읽고 줄 쳐가며 공부했던 게 아직도 기억나요.

지금도 크든 작든 라이선싱 사업 좀 한다는 회사 대부분은 담당자가 한두 명밖에 없어요. 이마저도 사업의 정확한 프로세스를 모르고 있는 게 현실입니다.

콘텐츠 사업이 경기 흐름을 많이 타고 부침도 심해요. 그러니 사람들이 한 자리에 오래 있지 못해서 관련 정보가 구전(口傳)되지 않고, 그나마 쌓은 지식이나 노하우를 공유하는 문화도 없어요. 그래서 우리나라 라이선싱 산업이 아직도 체계화된 시스템을 갖추지 못한 겁니다. 제가 이 책에 화자로 나선 건 이 때문이에요.

각자의 머릿속에 있거나 여기저기 떠돌아다니는 단편적인 정보를 활자로 바꿔 문서 형태로 공유한다면, 우리나라 라이선싱 산업이 좀 더 투명하고 체계적으로 발전할 수 있으리라 기대해 보면서 얘기를 시작해 볼게요.

라이선싱 사업을 하려면 우선 업계에서 쓰는 용어의 의미를 정확히 알아야 해요.

우리가 가진 지식재산권을 남에게 빌려주고 돈을 버는 것이 라이선싱 사업을 하는 목적이에요.
라이선스(license)는 저작권 또는 상표권의 이용 허락을 말해요. 상대에게 파는 게 아니에요.
지식재산권은 재산권 중의 하나이므로 팔 수 있지만, 라이선스는 상대에게 빌려주는 겁니다. 지식재산권의 주인에게 이용 허락을 받는 거예요.

권리를 가진 사람은 캐릭터를 만든 바로 나, 자신입니다. 즉 권리는 계속 내게 있는 것이고 캐릭터를 사용할 수 있는 권한만 상대에게 가는 거죠.

이러한 상행위를 라이선싱이라고 말해요. 그리고 사용권을 빌려주는 사람인 창작자는 라이선서(licensor), 빌리는 사람은 라이선시(licensee)라고 해요.

이런 용어는 미국에서 왔는데 세계 공통어에요. 그러니 제안서나 계약서를 쓸 때는 이 말을 써야 해요.

라이선싱 사업에서 거래하는 상품은 사실 브랜드라고 얘기하는 게 맞아요.

우리나라와 일본에서만 캐릭터라고 하는데 세계적으로는 캐릭터의 상위 개념으로서 브랜드라고 칭해요. 캐릭터라는 용어를 쓰지 않아요. 그래서 캐릭터 사업이라기보다 브랜드 사업, 더 정확히는 마스코트 브랜드(mascot brand) 사업이라고 하는 게 맞는 표현입니다.

지식재산권을 거래할 때 자주 쓰이는 로열티(royalty)

란 말은 권리를 이용하는 사람이 권리를 가진 사람에게 주는 대가예요. 남의 걸 빌려 쓴 대가로 돈을 주는 거죠.

특허권, 저작권, 상표권 등을 이용할 때 로열티를 주고받는 상거래 행위에 대해선 브랜드 라이선싱이라고 말합니다.

이 중에서 지식재산권에 대해 한 번 짚어볼게요. 워낙 복잡해서 혼동하는 분들이 많아서 그래요.

지식재산권은 눈에 보이지 않지만, 재산적 가치가 있는 것을 보호하는 권리예요.

지식재산권은 크게 산업재산권, 저작권, 신지식재산권으로 나뉩니다.

산업재산권은 우리가 익히 들어봤던 특허, 실용신안, 디자인, 상표권 등이 있어요. 저작권은 다시 저작인격권, 저작재산권으로 구분돼요. 신지식재산권은 영업비밀이나 반도체 집적회로 같은 기술 분야에 해당하므로 이쪽 분야와는 조금 거리가 멀어요. 이런 게 있다는 정도만 알고 넘어가도 됩니다.

이들 용어의 정의는 법률로 명시하고 있어요. 그러니 공문서나, 계약서를 쓸 때 이 기준에 따라 명확히 표기해야 해요.

라이선싱 사업에서 가장 많이 쓰이는 지식재산권은 저작권과 상표권이에요.

저작권은 자신이 만든 창작물에 대해 갖는 법적 권리예요. 저작물이 완성되는 시점에 자연적으로 발생하죠. 따라서 별도로 등록하지 않아도 권리를 갖습니다.

저작권 안에는 저작인격권과 저작재산권이 있어요. 저작인격권은 '내가 만들었으니 내 것이며 내가 배포할 수 있다' 란 권리를 말해요. 저작재산권은 '내가 만든 것으로 돈을 벌 수 있다' 란 권리인데 물건처럼 사고팔 수 있어요.

이번에는 라이선싱 산업을 구성하는 생태계에 대해 알아볼까요?

생태계는 캐릭터 등 지식재산권, 즉 IP를 가진 사람과 이를 활용해 상품으로 만드는 생산자, 유통사, 지원기관, 해외 거래처 등으로 이뤄져 있어요.

IP 권리자는 자신의 IP로 컵·스티커·장난감 등 상품을 만드는 생산자, 온라인몰이나 오프라인 숍에서 상품을 판매하는 유통사, 여러 지원사업을 통해 도움을 주는 한국콘텐츠진흥원·대한무역투자진흥공사·중소벤처기업진흥공단 같은 지원기관, 상품 수출을 돕는 에이전트와 유기적으로 도움을 주고받거나 거래하면서 돈을 벌어요.

이해가 좀 되시나요?

다시 한번 말하지만 라이선싱이란 내가 가진 지식재산권을 남한테 빌려주는 겁니다.

계속 '빌려준다'라는 걸 강조하는 것은 이 부분을 둘러싸고 법적 다툼이 가장 많이 발생하기 때문이에요. 난 빌려줬다고 생각하는데 상대는 내가 아예 넘겨줬다고 생각하는 거죠. 그래서 권리자가 빌려줬느냐, 줬느냐를 놓고 저작권법이나 상표권법 분쟁이 많이 일어나요.

법적 분쟁에 휘말리지 않으려면 용어나 명칭을 정확히 이해하고 사용해야 한다는 걸 잊지 마세요.

SURVIVAL STRATEGY 30

어른들은 종이에 써진 것만 인정한다

캐릭터 라이선싱 사업을 하려면 많은 준비가 필요해요.

초보 라이선서의 입장에서 볼 때, 라이선시 회사는 자신보다 상거래 경험이 훨씬 많아요. 그러니 당연히 라이선스에 관한 지식도 많겠죠?

이들보다 내가 우위에 설 수 있는 건 오직 IP를 갖고 있다는 것 하나예요.

막상 사업을 시작하면 경험이 적고 관련 지식이 부족해 '을'의 위치에 설 수밖에 없는 상황을 피할 수 없을 겁니다.

그래서 먼저 상표권이나 저작권을 등록해 공식적으로 지식재산권을 확보하는 게 가장 중요해요.

저작권은 내가 캐릭터를 만들었다면 등록하지 않아도 곧바로 권리가 발생해요. 그럼에도 저작권을 등록하는 게 좋아요. 등록 절차가 단순하고 온라인으로 할 수 있어 편해요. 돈도 얼마 들지 않아요.

상표권은 등록해야 권리를 얻을 수 있어요.
상표권은 캐릭터를 붙일 대상, 즉 노트, 인형, 가방, 옷처럼 캐릭터 디자인을 적용할 상품을 지정해야 등록할 수 있어요.
상표권 등록은 변리사 같은 전문가가 진행해 줍니다. 시간도 1년에서 1년 반 정도 오래 걸려요.
비용이 많이 들고 절차도 복잡한 대신 한 번 권리를 얻으면, 분쟁이 났을 때 저작권과는 비교할 수 없을 정도로 대응할 힘이 훨씬 세요.

상표권 등록을 신청만 해놔도 상품을 만들어 팔 수 있어요. 상표권 등록 서류를 접수하면 출원 증서를 주는데, 상표권 침해 상황이 발생했을 때 이 증서만으로도 충분히 대응할 수 있어요. 등록이 끝났다는 사인을 받지 않더라도 출원만 한 상태로도 얼마든지 사업은 가능합니다.

내가 새 캐릭터를 만들었다면 저작권 먼저 등록하고, 사업을 해야겠다고 마음을 먹었다면 상표권을 꼭 등록하세요. 상표권이 있으면 라이선시와 계약하기 한층 수월합니다. 이것저것 따져보거나 기다리지 않고 사업을 빠르게 진행할 수 있는 장점이 있으니까요.

또 지식재산권 등록 여부는 각종 기관의 지원사업에서 가산점을 받을 수 있는 주요 항목 중 하나예요. 상표권이 몇 개냐에 따라 지원금도 차이가 나니 많을수록 좋겠죠?

비용이 많이 들어 부담을 느낄 수도 있을 텐데 한국발명진흥회처럼 공공기관이 진행하는 지원사업을 잘 찾아보면 저렴하게 또는 무료로 할 방법이 많으니 문을 두드려 보세요.

예전에는 라이선시들이 지식재산권과 매뉴얼 북

처럼 사업화에 필요한 모든 걸 갖춘 캐릭터하고만 계약했는데 지금은 그림만 있어도 계약하는 사례가 많아요.

그렇지만 라이선시와 협의해 상품화가 진행될 것 같다면, 꼭 상표권 등록 절차를 밟으세요. 라이선시로부터 내 IP를 지키는 권리니까요. 상표권은 선출원주의가 원칙이니 누구보다 먼저 빨리 출원하는 게 좋아요.

상표권을 등록하지 않고 있다가 다른 사람이 먼저 등록할 경우 내 지식재산권을 찾아오려면 민사소송을 해야 합니다. 그러면 긴 시간이 소요되고 돈도 많이 들어요. 그러니 뭔가 얘기가 진행된다 싶으면 저작권, 상표권을 등록하세요.

어른들은 종이에 써진 것만 인정해 준다는 걸 기억하세요. 아무리 자기가 그린 그림이라 주장해도 이를 증명하지 못하면 그 그림은 자기 것이 아니에요.

SURVIVAL STRATEGY 31

제안서는 간결하게
명함 글자는 크게
전화번호는 필수

내 IP를 다른 사람이 쓸 수 있게 제안하는 것, 이를 라이선싱 영업이라고 합니다.

내 IP가 유명하면 굳이 하지 않아도 돼요. 걸려 오는 제안 전화만 받는 인바운드(inbound) 업무를 처리하기도 힘들어요. 그렇지 않다면 아웃바운드(outbound) 영업은 필수겠죠? 내 캐릭터를 사용할 만한 사람들을 찾아가 제안해야 합니다.

우선 이마트, 홈플러스 같은 대형 마트에 가서 캐릭터를 사용하는 회사를 조사해 보세요. 모든 상품에는 소비자 보호를 위해 회사에 관한 정보가 적혀 있어요. 상품명, 인증 여부, 판매처, 연락처 등이죠. 시장 조사를 하다 보면 스티커는 이런 회사, 머그컵은 저런 회사에서 만든다는 걸 알 수 있어요.

한 번 캐릭터를 쓴 회사는 계속 쓰는 경향이 있어요. 캐릭터를 써서 돈을 많이 벌었다면 무조건 다른 캐릭터를 쓰기 마련이죠. 한 번 쓰고 마는 회사는 거의 없어요.

그런 회사를 찾아 제안하세요.

내 그림이 어떤 강점이 있고 어느 상품에 어울린다는 내용의 제안서를 만들어 담당자를 찾아 이메일을 보내세요.

바닥부터 시작해 보는 겁니다. 무작정 전화를 걸어 영업하는 콜드 콜(cold-call) 방식으로 말이죠.

대표번호로 전화를 걸어서 라이선싱 담당자를 바꿔 달라고 하는 게 영업의 정석이자 가장 효과적인 방법입니다. 요즘은 전화나 메일로 물어보면 웬만하면 답변해 줍니다.

그런 식으로 물어물어 담당자를 찾아 이메일 주소를 알아내 제안서를 보내세요. 지금도 대부분 이런 방식으로 영업하니 절대 두려워하거나 걱정할 필요가 없어요.

'친분 있는 사람을 통하면 내 제안을 좀 더 귀담아서 들어주지 않을까?' 라고 생각하는 분들도 있을 텐데, 그게 통하는 걸 본 적이 없어요. 개인적 친분과 사업은 전혀 다른 문제거든요. 아는 사람 통해 말을 전하거나 대표번호로 전화를 거는 거나 결과는 다 똑같습니다.

제안서는 다섯 페이지 이내로 만드는 게 좋아요. 담당자들은 하루에도 이런 제안서를 10~20개씩 받기 때문에 디자인 중심으로 간결하게, 해당 업체의 상품군에 맞게 작성해야 해요. 내 IP를 쓰면 상품이 이렇게 나온다는 걸 보여주면 담당자의 눈길을 잡아끌 확률이 높아져요.

오프라인 마켓은 영업하기 아주 좋은 장소예요.
캐릭터 라이선싱 사업은 오프라인 중심으로 진행

되는 경우가 많아요. 그래서 캐릭터라이선싱페어나 일러스트페어 같은 행사장에 가면 라이선시 업체들이 부스를 꾸려 나오거나 회사 관계자들이 꼭 현장을 찾습니다.

평소 라이선싱 담당자를 찾아가 뭘 물어보려고 하면 잘 만나주지 않잖아요? 근데 여기에 나온 사람들은 대부분 '오늘은 그 누구와도 꼭 얘기를 하리라'는 의지가 강해서 상당히 개방적이에요.

특히 행사 첫날에는 의사결정권을 쥔 높은 분들이 많이 옵니다. 그때 미팅을 한다면 논의가 급물살을 타는 사례도 많아요. 그러니 오프라인 마켓은 꼭 가보세요.

그곳에는 IP를 홍보하며 라이선시를 찾는 셀러(seller)만 있는 게 아니라 IP와 계약해 상품을 만들려는 바이어(buyer)도 있어요. 자신의 캐릭터를 알리고 라이선시를 직접 만나 제안할 기회를 찾으세요.

전시자로 참여했다면 부스만 지키고 있을 게 아니라 다른 부스를 찾아가 명함을 주고받으세요. 그러면서 네트워크가 생깁니다. 그 사람과 친해져야 한다는 생각보다 어떤 회사가 어떤 사업을 하고 있으며 그들에게 어떻게 접근해서 내 사업과 접목할 것인가를 염두에 두고 접근해 보는 겁니다.

만약 삼성전자에 내 캐릭터를 제안해 보고 싶은데 누굴 찾아가야 할까요? 잘 모를 겁니다. 부서도 모르거니와 사람도 워낙 많으니 알 수가 없어요.

그런데 행사장에 나온 관계자들은 홍보 또는 라이선싱 업무 담당자일 가능성이 매우 큽니다. 그래서 그들과 명함을 주고받는 게 중요해요. 여기저기 수소문한 끝에 연락처를 겨우겨우 알아내는 것보다 훨씬 빠르게 담당자와 직접 소통할 기회를 얻는 거니까요.

모든 사업이 그렇듯 라이선싱 사업도 결국 네트워크 싸움이에요. 기업 간 거래 형태인 B2B(business to business) 네트워크를 어떻게 만들어 가느냐가 중요한데 기업과 사람을 가장 쉽게 만날 수 있는 장소가 바로 오프라인 마켓이에요.

오프라인 마켓을 트레이드 쇼(trade-show)라고도 하죠. 수많은 제안이 오가는 곳인 만큼 상대가 말을 잘 들어줍니다. 또 행사장에서 만나는 사람들은 대부분 친절해요.

담당자는 3~4일간 현장에 나와 있어야 하는데 심심하고, 또 같은 얘기를 반복해야 해서 따분하고 무료함을 느껴요. 그럴 때 새로운 얘기를 할 수 있는 사람이 오면 좋아합니다.

다들 바쁘게 움직이는 것 같은데 실제로는 심심한 사람이 꽤 많아요. 그래서 먼저 다가가 말을 걸어주면 의외로 대화가 잘 풀릴 수 있어요. 저도 그렇게 해서 계약을 성사한 사례가 여러 번 있어요.

처음에는 다 거북합니다. 모르는 사람에게 다가가 말을 건넨다는 건 영업직이든 사무직이든 작가든 사장이든 남자든 여자든 다 똑같이 힘들고 어렵거든요.

서먹서먹하고 쭈뼛쭈뼛하다가 결국 자기 부스에만 머물기 마련인데 그럴 때 명함 한 장 더 뿌리고 제안서라도 하나 더 돌려보세요. 두려움과 거부감을 이겨내고 어색한 인사를 건네면서 만남을 시도할수록 파트너를 만날 가능성이 훨씬 커집니다.

온라인에서 꾸준히 활동하고, 오프라인에 나가 사람을 만나고, 시장 트렌드를 살피고, 다른 이의 그림이나 상품도 보고, 명함도 뿌리고 다니면서 영업해야 해요.

여러분의 캐릭터와 비슷한 건 세상에 정말 많아요. 그러니 경쟁자들과의 차별점을 어디에 어떻게 줄 것인가를 항상 고민해야 합니다.

내가 쉽고 편하게 할 수 있다면 남들도 곧잘 할 수 있습니다. 마찬가지로 명함을 돌리고 협업을 제안하는 게 어려우면 남들도 똑같이 어려울 거예요.

그런데 남들도 어려워하는 이런 영업 활동에 내가 적극적으로 나선다면, 당신의 캐릭터는 분명 다른 캐릭터들보다 훨씬 돋보이고 주목받을 겁니다.

트레이드 쇼에 가려면 사업자든 아니든 꼭 자신의 명함을 만드세요.

캐릭터를 넣고 글씨도 큼직하게 쓰세요. 라이선시

의 의사결정권자는 나이가 많은 분들이 많아서 명함의 글씨가 작으면 싫어합니다.

대기업에서도 임원용 문서를 만들 때는 글자 크기를 무조건 12포인트 이상으로 하는 게 상식이에요. 작으면 안보이니까. 글씨를 크게 쓰는 건 상대를 향한 배려라는 걸 기억하세요.

전화번호도 꼭 넣으세요.

담당자들은 이메일을 쓰고 확인하고 답신을 기다리는 시간에 전화로 물어보고 끝내요. 그게 더 편하고 빠르니까. 요즘 세대는 문자메시지로 소통하는 게 익숙하겠지만 상대의 의사결정권자는 여러분보다 나이가 많다는 걸 잊지 마세요. 그들이 선호하고 익숙한 방식으로 소통하는 법을 배워야 합니다.

그리고 모르는 번호로 전화가 와도 꼭 받길 바랍니다. 스팸 전화나 보이스피싱에 악용될 걸 우려해 안 받는 분들이 있던데, 솔직히 사업할 생각이 있는지 의문이 들 때가 많아요.

명함을 돌리는 순간부터 영업사원이 됐다고 마음

먹으세요. 영업사원은 모르는 번호라도 다 받아야 합니다.

라이선시들이 돈이 될 만한 새로운 IP를 찾긴 하지만 생각만큼 그렇게 열심히 찾진 않아요.

다만 SNS나 유튜브는 눈여겨봐요. 구독자나 조회수, 댓글 등을 통해 인기를 가늠해 볼 수 있으니까요.

국내외에서 어떤 캐릭터의 불법 상품이 나오는지 체크하기도 합니다. 수많은 라이선시가 달려들기 전에 뜰 조짐이 있는 캐릭터가 어떤 게 있는지 알아보는 거죠.

특히 상품 기획·개발을 맡은 MD(merchadising) 담당자들은 누가 어떤 캐릭터와 먼저 계약하느냐를 예의주시해요. 어느 회사에서 계약하면 '나도 해야지'라며 흐름이나 대세를 따르려는 경향이 있어요.

캐릭터 상품의 가장 큰 유통 채널은 뭐니 뭐니 해도 이마트, 홈플러스, 롯데마트 같은 대형 마트예요. 팬시점이나 디자인 소품 숍, 팝업스토어도 있지만 물량이나 규모 면에서는 이들을 따라갈 수가 없어요.

거기에는 마트 MD가 콕 찍어서 벤더(vendor)에게 가져오라는 캐릭터 상품이 있어요. 그래서 못 보던 캐릭터 상품이 매장에 보이기 시작한다면 그 캐릭터는 어느 정도 뜬 캐릭터라고 보면 됩니다. 여기에서 벤더란 상품을 개발·공급하는 전문회사를 말해요.

일반적으로 대형 마트를 대상으로 활동하는 벤더 250여 곳이 전국 매장에 들어가는 상품을 좌지우지한다고 봐도 무방할 정도로 영향력이 커요.

그러니 어느 벤더가 특정 캐릭터 상품만 받아준다고 소문이 돌면, 그 캐릭터와 계약하려는 라이선시들의 움직임도 바빠지는 거죠.

라이선시에게 먼저 다가가 자신의 IP를 적극적으로 알려야 하는 이유에 대한 설명은 이만하면 충분하겠죠?

SURVIVAL STRATEGY 32

로열티는
이 정도를 제시하라

제안서를 보냈다면, 높은 확률은 아니지만 만나자고 하는 곳이 생깁니다. 그토록 원하던 미팅이 성사된 거죠.

이 자리에서 담당자들은 거의 100% 이걸 물어볼 겁니다.

"로열티를 얼마나 생각하시나요?"

이때 바로 대답할 수 있는 자신만의 기준을 갖고 만남에 임해야 해요. 시장에서 통용되는 로열티, 내가 기대하는 로열티를 알고 있어야 합니다.

상대방이 로열티 기준을 제안하지는 않습니다. 물건을 사 갈 사람이 값을 먼저 얘기하지 않는 것처럼요. 당근마켓에서 거래할 때 자신이 상품 판매가를 정하잖아요? 추후 가격 조정이 되더라도 첫 판매가는 내가 결정하는 겁니다. 마찬가지예요. 파는 사람이 기준을 갖고 제안해야 합니다.

경험이 없으니까 상대에게 "잘 모르니 먼저 제안해 주세요"라든지 "얼마를 받아야 하나요?" 라고 물어보는 경우가 많은데, 정말 큰 실수를 저지르는 거예요.

모든 상거래에서 거래의 기준은 셀러가 정해야 합니다. 그리고 흥정을 통해 가격을 조정하는 거지, 바이어가 먼저 제안하는 건 세상에 없어요.

그렇다면 로열티를 얼마나 불러야 할까요? 그전에 일단 로열티의 개념부터 짚고 넘어갑시다.

로열티는 MG(minimum guarantee)와 러닝 로열티(running royalty)로 이뤄져 있어요.

MG는 최소 보장 금액을 말해요. 러닝 로열티는 상품이 팔릴 때마다 받는 대가예요.

IP를 빌려 쓴 대가를 주는 로열티의 지급 방식은 1920년대 미국 월트디즈니사(社)가 정한 걸 지금도 그대로 따르고 있어요. 1970년대부터 '헬로키티' 사업을 벌인 산리오가 받아들였고, 그러한 가이드가 고스란히 한국으로 흘러들어 왔습니다.

로열티를 지급하는 대원칙은 '상품이 팔렸을 때 지불한다'는 것입니다.

예를 들어 계약을 맺을 때 "상품이 하나씩 팔릴 때마다 상품 가격의 10%를 로열티로 달라"고 했다고 합시다. 여러분의 캐릭터를 활용해 만든 연필 하나의 가격이 100원이라고 한다면 로열티로 10원을 받을 수 있겠죠? 이게 러닝 로열티의 개념이에요.

하지만 실상은 그리 단순하지 않습니다.

제조사는 상품을 만들기만 할 뿐 직접 팔진 않아요. 유통 도매상이 상품을 넘겨받아 시중에 파는 겁니다.

제조사가 만든 상품이 창고에서 유통사로 넘어갈 때의 가격을 출고가, 유통사가 매장에서 소비자에게 파는 가격을 소비자가라고 말하는데요, 우리나라에서는 대부분 출고가를 기준으로 로열티 비율을 정하고 있어요.

따라서 제조사가 출고가 50원을 받고 연필을 유통사에 넘기고 유통사가 소비자가를 100원으로 책정해 판다고 한다면, IP 권리자는 출고가 50원의 10%인 5원을 로열티로 받게 되는 거죠.

출고가 기준으로 로열티 비율을 정한 건 예전부터 제조사들과 캐릭터 회사들이 "이렇게 하자"고 암묵적으로 합의했기 때문이에요. 미국과 일본 등 해외에서는 소비자가를 기준으로 로열티를 정하는 것이 일반적입니다.

IP 권리자는 보통 로열티 기준 금액을 소비자가를, 라이선시는 출고가를 기준으로 계약하길 원하는데 이러한 조건은 서로 협의해 변경할 수 있어요.

 전셋집을 계약할 때 수도꼭지가 새는데 입주자가 고치기로 하자, 또는 집주인이 고치기로 하자는 특약사항을 계약서에 넣을 수 있잖아요? 로열티 지급 기준 역시 소비자가로 할지, 출고가로 할지 협상할 수 있습니다.

 우리나라에서도 '카카오프렌즈'나 '헬로키티' 같은 인기 캐릭터는 소비자가를 기준으로 계약하기도 해요. 사실 IP 권리자가 힘이 세니 그런 조건을 달 수 있는 거죠.

 하지만 현실적으로는 IP 권리권자가 대부분 을의 위치에 있으므로 출고가 기준으로 로열티를 몇 %로 할지 결정합니다. 우리나라에서 일반 소비재의 통상적인 로열티 수준은 출고가의 7~10%예요.

 라이선시가 소비자가 기준으로 로열티를 주기로 계약했더라도, 출고가 기준으로 주는 금액과 비슷한 수준으로 로열티 비율을 조정하는 사례도 많아요. 출고가 기준 10%를 소비자가 기준 5%로 바꾸는 것처럼요. 이러면 IP 권리자가 받는 로열티가 많아지는 것처럼 보일 수 있는데 실은 동일해요. 출고가 50원의 10%나 소비자가 100원의 5%나 로열티 액수는 5원으로 똑같아요.

대신 이런 차이는 있습니다.

출고가 기준으로 로열티를 지급한다는 건, 제조사가 상품을 유통사에 넘긴 뒤에는 시중에서 얼마에 팔리든 신경 쓰지 않는다는 말과 같아요.

시중에서 100원에 팔리든 200원에 팔리든 상관없이 출고가 50원의 10%인 5원만 로열티로 주면 되니 제조사는 편하죠. 출고가도 자신들의 사정에 맞춰 얼마든지 조정 가능하니 로열티로 나가는 돈도 줄일 수 있어요.

대신 IP 권리자는 시중에서 아무리 비싸게 팔려도 제조사가 정한 출고가를 기준으로 지급하는 로열티만 받을 수 있어요.

반면 소비자를 기준으로 한다면 IP 권리자가 상품 유통 과정에 개입할 수 있는 여지가 생겨요. 유통사가 연필을 '1+1, 2+1' 행사처럼 싸게 넘기려 한다면 받을 로열티가 적어지니 싸게 못 팔도록 제동을 걸 수 있는 거죠.

제조사는 출고가보다 비싼 가격에 상품이 팔리니 줘야 할 로열티가 많아지고 가격도 임의로 조정할 수 없으니 여간 불편한 게 아닐 겁니다.

작가와 라이선시가 상품이 하나씩 팔릴 때마다 돈을 주고받으려면 너무 귀찮고 번거롭겠죠? 그래서 나온 게 바로 MG, 미니멈 개런티라고 하는 최소 보장 금액이에요.

MG는 로열티의 일부예요. 라이선시가 상품이 어느 정도 팔릴지 예측한 다음, 줘야 할 로열티 총액의 50~70%에 해당하는 돈을 계약할 때 작가에게 미리 주는 선금 같은 겁니다.

계약금이 아니에요. 러닝 로열티의 일부를 미리 주는 거예요. 작가는 상품이 예상보다 덜 팔렸다고 하더라도 받은 돈을 돌려주지 않아도 됩니다.

MG 기준은 정하기 나름이지만 시대에 따라 계속 변해왔어요.

2000년대 초반에는 MG가 품목당 2,000만 원 수준이었어요. 20여 년이 흐른 지금도 이 정도라면 높은 금액이라고 할 수 있죠. 그러다 2010년대부터 점차 줄어들기 시작했어요.

통상 시장에서는 '핑크퐁', '뽀로로' 같은 메가 히트 캐릭터는 A급, 이보다 덜한 캐릭터는 B급, 그리고 나머지 C급으로 나눠 MG와 로열티 비율을 정해요. 이름값에 따라 다른 거죠. '카카오프렌즈'의 경우 소비자가 기준으로 러닝 로열티 비율이 10%까지 올라가기도 해요.

앞에서 로열티는 MG+러닝 로열티로 이뤄져 있다고 설명했죠? 그래서 보통 "얼마에 계약했어?"라고 얘기할 때 "700에 5%로 계약했대"라고 하면 MG 700만 원, 출고가 기준 러닝 로열티 5%에 계약했다는 의미예요.

자, 로열티에 대해 충분히 이해했다면 이제 라이선스료를 얼마나 불러야 할지 알려드릴게요.

거래금액 자체는 정형화돼 있지 않지만 통용되는 금액의 기준은 있습니다. 작가와 라이선시 모두 서로 얼굴 붉히고 욕하지 않는 적정 합의선이 있는 거죠.

인지도가 낮은 캐릭터라면 MG 500~1,000만 원, 러닝 로열티는 출고가 기준 8~10%가 적당합니다. 라이선싱 시장에서 오래 활동하면서 지켜본 결과, 이 즈음이 상호 합의가 이뤄진 지점이자 서로의 수익이 보장되는 보편타당한 수준이라고 말할 수 있어요.

그러니 라이선시가 "얼마 받길 원하느냐"라고 물으면 "MG 500만 원에 러닝 로열티 8%를 생각하고 있다"라고 말하세요.

거기서부터 흥정을 시작하고 융통성 있게 대처하면 됩니다. 시장에 갓 진입해 처음 계약하는 IP라면 300만 원, 5% 선에서 절충될 거예요.

상대방과 만난 자리에서 로열티 질문에 곧바로 답변할 필요는 없어요. 그러나 그 자리에서 답변하면 거래는 더욱 빨라질 수 있으니 관련 지식을 머릿속에 담아두고 있어야 해요. 아니면 적어도 이걸 물어볼 수 있는 전문가의 연락처 하나 정도는 확보해 놔야 합니다.

공적 채널을 통해 알아보고 싶다면 한국콘텐츠진흥원의 콜센터를 이용해 보세요. 그곳에 문의하면 당장은 아니더라도 해당 분야 전문가나 도움을 줄 수 있는 전문가와 연결해 줘요.

라이선시는 상품이 얼마나 팔렸는지 드러내기를 꺼립니다. 그래서 나온 게 증지 제도예요.

캐릭터 상품의 패키지를 보면 은박지에 반짝이는 그림을 보신 적이 있을 거예요. 홀로그램 증지란 건데 여러 방식의 증지 중 가장 많이 쓰입니다.

증지는 사실 IP 권리자가 로열티를 받기 위한 고육책이라고 볼 수 있어요. 라이선시가 거래 내역을 투명하게 공개하지 않으면 작가는 상품이 얼마나 나갔는지 확인할 방법이 없으니까요.

라이선시가 상품 출시를 위해 증지 신청서를 작가

에게 보내면, 작가는 요청 수량에 맞게 증지를 100장, 200장씩 세어 보냅니다. 그리고 미리 받은 MG에서 그만큼의 로열티 액수를 뺍니다. 증지 개수만큼 상품이 팔린 것으로 본다는 서로의 약속이니까요.

그래서 증지는 유가 증권과 같아요. 그러니 '뽀로로'나 '헬로 키티'처럼 인기 캐릭터의 증지 관리는 삼엄하기까지 해요. 실수로 잘못 나가면 돈이 그냥 빠져나간 것과 같거든요.

증지 제작비는 비싸면 한 장에 10원까지도 가요. 대수롭지 않게 느낄 수 있는데 1,000원짜리 상품에 10원짜리 증지가 붙어 있으면 가격의 1%를 차지할 정도니 소비자가를 올리는 요인으로 작용하기도 합니다.

법적으로 로열티가 발생하는 시점은 상품에 증지를 붙이는 순간부터입니다. 증지를 붙임으로써 상품으로 인정받아 그에 해당하는 로열티를 받을 수 있다는 의미예요.

그런데 제조사가 연필 100개를 만들어서 샘플이나 증정용으로 30개를 쓰고, 나머지 70개만 시장에 내보낼 생각으로 증지를 70개만 달라고 하는 사례가 왕왕 있어요.

이럴 때 작가는 샘플 30개에도 증지를 붙여야 한다고 주장하고 라이선서는 시중에 내보낼 게 아니니 증지를 안 붙이려고 해서 실랑이가 벌어지기도 합니다.

증지를 붙이지 않고 상품을 팔 수도 있어요. 서로 신뢰하고 판매 정보가 투명하다면 증지를 붙이지 않아요. 식음료 분야가 대표적이에요.

우유나 과자는 증지를 붙이기 어렵고 냉장 제품은 유통 과정에서 증지가 떨어지거나 훼손될 수 있어요. 생산, 구매, 재고 등의 전문적인 자료(ERP)를 주는 기업이라면 증지 부착을 생략해도 돼요.

그래서 요즘은 제품을 생산할 때 아예 증지를 제품에 인쇄하는 인쇄 증지 방식을 쓰기도 해요. 증지 비용도 아끼고 공인된 정품이란 이미지도 줄 수 있으니까요.

2000년쯤 '아기공룡 둘리'로 라이선싱 사업에 처음 뛰어들었어요. 그땐 로열티를 얼마나 받아야 할지 몰랐어요. 기준이 없고 가르쳐주는 사람도 없었어요. 아무리 책을 봐도 도통 알 수가 없었죠.

그러다 미국 라스베이거스에서 열리는 라이선싱 엑스포에 가서 세미나 연사로 나온 월트디즈니사의 MD 사업 담당에게 손을 들고 물어봤어요.

"라이선스 계약을 할 때 로열티를 얼마나 받아야 할지 모르겠습니다. 아무리 찾아도 측정 기준이 없어요."

그는 질문이 틀렸다고 하더군요. 나라에 따라 다르고 상품에 따라 다르고 시기에 따라 다르니 그건 알 수가 없다는 거예요.

그렇지만 이제는 로열티 정찰제가 앞으로 몇 년 후에 시장에서 자리를 잡을 것으로 기대하고 있어요. 모든 상품에 대한 로열티를 미리 정해 놓고 원클릭으로 계약이 가능한 플랫폼이 하나둘 나오고 있거든요. 투명성과 신뢰성을 강화하기 위한 자연스러운 움직임이라고 봅니다.

라이선싱 시장은 2020년을 기점으로 오랜 경력을 자랑하는 전문가들이 주도하는 그들만의 리그에서 이제는 혁신을 앞세운 비전문가가 주도하는 시장으로 변화하고 있어요.

세상의 중심은 나
계약서는 길수록 좋다

로열티 계약은 어른과 어른의 약속이에요. 어른들의 약속은 종이에 쓰여 있는 것만 효력이 있어요.

말로 한 약속은 약속이 아니에요. 물론 민법상 구두 계약도 인정되지만, 서면 계약과는 비교할 수 없을 정도로 효력이 약하고 약속한 내용이 불분명해 오염될 우려도 큽니다.

그걸 오해하는 분들이 정말 많아요. 실제 저작권이나 상표권 분쟁 재판에 가보면 이 부분을 놓고 다툼이 가장 심해요.

그러니 계약서는 꼭 꼼꼼히 검토해야 합니다. 미팅할 때 휴대전화로 녹음하고 모든 얘기를 기록으로 남기세요. 말로 끝내지 마시고 이메일로 받으세요. 이메일은 서면이자 문서로서 효력을 갖습니다.

권리를 좌지우지하는 계약서는 한 번 작성하면 돌이킬 수 없어요. 일단 작성된 계약서는 민사상 효력이 그대로 인정돼요. 계약서의 내용 자체를 부정하려면 천재지변처럼 아주 특별한 사정이 있어야 하니 뒤집는 건 거의 불가능하다고 봐야죠.

작가들이 이런 문제가 생기면 "잘 몰라서 그랬다"라고 말하곤 해요.
몰라서 그랬다는 건 핑계에 불과해요. 세상의 일반적인 부주의는 상대편이 아니라 자신의 잘못에서 비롯되는 거거든요.
몰랐다고 용서가 되는 세상이 아니에요. 어른의 세상은 용서가 안 됩니다. 부주의의 책임은 결국 자신에게 있어요. 그러니 꼭 종이에 써서 남겨 놓으세요. 뭔가 중요하다면 녹음하세요.

라이선싱 계약은 앞서 말했듯 양도 또는 이용 허락 딱 두 가지만 있어요.

라이선스는 이용을 허락하는 것이지 판매하는 게 아니에요. 이상한 게 있으면 고치고 또 고치세요. 거래처가 한국에 있다면 말이 통하니 이런 문제가 생겼을 땐 풀 방법을 찾을 수 있습니다만 외국이라면 사정이 다릅니다.

계약서 검토에 대한 도움을 받고 싶다면 한국콘텐츠진흥원 콜센터에 연락하세요. 계약서 사본을 보내고 "이게 맞는지, 공평한 건지 봐주세요"라고 요청하세요. 법률지원팀에서 도와줍니다. 비전문가에게 물어보지 마세요. 법률구조공단처럼 무료로 법률지원을 받을 수 있는 곳이 많아요.

계약서의 구성은 다른 민사 계약서와 똑같아요. 문구를 살피는 것도 물론 중요하지만, 진짜 중요한 것을 점검하는 방법에 익숙해져야 합니다.

우선 계약서에서 눈여겨봐야 할 항목은 계약 기간,

계약 지역, 계약 품목입니다.

계약 기간은 짧을수록 유리합니다. 재계약할 때 조건을 다시 협의할 수 있고, 라이선시가 마음에 들지 않으면 계약 기간 종료를 명분으로 다른 라이선시와 손잡을 기회를 얻기 때문이에요.

계약 지역은 보통 국내로 설정하겠지만 어떨 땐 대전광역시를 중심으로 대전 이남, 대전 이북처럼 권역을 나누기도 해요. 수도권과 비수도권의 시장 규모가 다르기도 하고 라이선시의 사업 가능 지역이 제한적일 수도 있으니까요.

계약 품목은 세분화할수록 좋아요.
예를 들어 양말을 계약한다면 '양말(남아용)'이라고 구체적으로 쓰는 게 좋습니다.
라이선시 사장님이 "지금은 우리가 남아 양말만 하는데 공장을 새로 지으면 여아 양말도 할 테니 그냥 양말로 퉁 쳐줘"라고 얘기할 수도 있어요. 그러면 이렇게 답하세요.

"나중에 대표님께서 공장 지어서 계약할 때 제가 로열티를 안 받거나 아주 낮게 계약해 드릴 테니 지금은 남아 양말로 하시죠."

자신도 모르는 상품이 시장에 나오는 경우가 정말 많습니다. 자신이 허락한 상품인지 아닌지 모호하기 때문이죠.

양말이라고 써놔도 의미가 불분명할 수 있어요. 버선이 양말일까요? 크리스마스 때 선물 자루를 대신할 양말도 양말에 포함될까요? 타이츠도 양말일까요? 양말의 범위가 어디까지인지 문제가 될 수 있어요. 그래서 계약 상품을 설명하는 건 길수록 작가에게 유리합니다.

그림을 넣어도 돼요. '양말이라 하면 이렇게 생긴 걸 양말이라고 하고, 사람들이 운동화 안에 신는 것을 뜻한다' 처럼 아주 당연한 얘기를 계약서에 써도 됩니다.

우리나라는 유통망이 나뉘어 있어요. 뭔 말이냐면, 백화점에 납품하는 곳은 마트에 못 들어가요. 마트에 납품하는 곳은 백화점에 못 들어갑니다. 이마트에 들어가는 브랜드는 홈플러스에 못 들어가요.

이런 걸 허가 유통이라 하는데 이것도 엄청 세분화해 지정해 줘야 합니다.

캐릭터 회사 중 규모가 큰 곳은 유통 채널을 30개로 나눠요. 어디 어디 백화점부터 시작해 어디 어디 마트, 온라인 어디, 오프라인 어디까지 하기로 정합니다. IP 권리자의 파워가 세면 그중에 골라 계약하는 곳도 있어요.

다시 말해 허가 유통 채널을 최소한 마트라고 지정한다면, 홈플러스, 이마트 정도까지는 써줘야 합니다. 팔 수 있는 곳을 딱딱 지정해 주는 거죠. 두루뭉술하게 넘어가면 유통 채널을 다 열어주는 셈이에요. 유통하지 않을 곳마저 허락해 줄 필요는 없어요.

"열 번이고 스무 번이고 도장은 찍어 드릴 테니 지금은 이렇게 하시자"라고 얘기하세요. "그건 그때 가서 따지고 지금은 이번 건만 얘기하자"라고 주장해야 합니다.

로열티 비율과 지급 방법, 홀로그램 증지의 사용 여부, 상품의 상표권 또는 저작권 표기 여부, 디자인과 상품 검수 내용도 계약서에 명시하세요.

특히 제품은 언제까지 개발해 언제까지 출시한다는 내용도 넣어야 합니다. 계약은 했으나 시장 여건이 나쁘다는 이유로 제품을 출시하지 않을 수도 있기 때문이에요. 더욱이 MG를 받지 않고 계약했다면 상품은 안 나오고 작가는 권리만 묶인 채 세월만 보낼 수도 있어요.

그러니 '계약 후 3개월 이내에 샘플 상품이 나와야 한다'는 내용으로 계약서를 쓰세요.

로열티가 안 들어올 수도 있으니 연리 20% 지연손해금 규정도 넣으세요.

로열티를 약속한 대로 제때 주지 않으면 20%의 이자를 붙여 손해금을 요구할 수 있다는 말이에요. 현 민법에서 정한 지연손해금의 한도가 20%인데 법이 허락하는 수준까지 설정하는 것이 좋습니다.

로열티를 주지 못한다는 건 이미 회사가 어렵다는

얘기겠죠? 그래서 실제 손해금을 달라고 해도 받을 순 없을 거예요.

하지만 이 규정이 있으면 그 회사가 돈이 생겼을 때 다른 채무자보다 내게 돈을 먼저 줄 확률이 높아요. 그러니 받지 못해도 넣어두면 좋습니다. 채권자로서의 우선권을 갖기 위해서죠. 일종의 채무자를 압박하는 문구라고 할까요?

무상 홍보의 기준도 명확히 선을 그어야 합니다.

연필공장 사장님이 MG 500만 원을 건넸지만, 샘플만 만들고 상품을 시장에 출고하지 않을 수도 있어요. 회사 홍보물이나 판촉물로 쓸 정도만 만들어서 돌리는 거죠. 상품이 시장에 유통되지 않으니 로열티도 없겠죠? 홍보물로 쓴다면서 증지도 가져가지 않아요. 작가는 그저 500만 원만 받고 끝나는 셈이죠.

따라서 '무료 상품은 전체 수량의 5~10% 이하로 한다'는 문구를 넣으시길 바랍니다. 심각한 계약 위반 상황이 발생하면 계약을 해지할 수 있다는 내용도 덧붙이세요.

계약서는 길수록 좋습니다. 자기가 하고 싶은 얘기 다 쓰셔도 됩니다. 멋지게 쓰지 않아도 돼요. 말하는 것처럼 쉽게 쓰세요.

모든 일이 그렇지만 계약할 때, 계약서의 초안은 내 손에서 먼저 나가야 합니다. 상대편에서 받으면 안 돼요. 이건 모든 상거래의 기본이니 명심하세요.

내 손에서 나간 초안부터 협의하면서 계약서를 조금씩 고쳐나가는 겁니다. 그거 쓰는 게 귀찮아서 작가 대부분이 상대방의 계약서를 보내달라고 말해요.

이는 매우 잘못된 방식입니다. 모든 조건은 내가 정하는 것부터 시작하세요. 계약서 쓸 땐 세상의 중심은 나라는 걸 꼭 기억하세요.

현재 공개된 표준 계약서는 아주 부족해요. 사례마다 각기 다른 특약사항을 모두 반영하지 못하고 공통으로 들어갈 내용만 기재돼 있으니, 한국콘텐츠진흥원이나 법률구조공단 콜센터에 전화해 도움을 받아보세요.

SURVIVAL STRATEGY 34

라이선시를
춤추게 하라

작가와 라이선시는 어떤 관계일까요?

국내외에서 통용되는 모든 라이선스 계약서에서 갑은 작가, 을은 라이선시예요.

하지만 돈은 라이선시에게서 옵니다. 원래 돈을 주는 쪽이 무조건 갑이고 돈을 받는 쪽이 을입니다만, 라이선싱 시장은 갑과 을이 묘하게 달라요. 그래서 서로 갑인 줄 알고 갑처럼 행동하다 둘 다 망하는 꼴을 보기도 합니다.

계약서에는 작가가 갑이지만, 실제로는 라이선시

가 자신이 갑이라고 생각해요.

실질적으로 돈이 라이선시에게 나오니 작가는 라이선시가 어떻게 하면 돈을 많이 벌게 할 수 있을지 고민해야 합니다. 그들이 번 돈을 나눠 갖는 게 라이선싱 시장의 작동 원리거든요.

라이선시는 보통 1년 또는 2년간 작가의 IP를 쓰기로 계약을 맺곤 해요.

매출이 꾸준히 나오면 라이선시도 굳이 계약을 갱신하지 않을 이유가 없어요. 그러려면 작가들이 자기 생각이나 고민을 얘기하고 담당자와 적극적으로 소통해야 합니다.

"이번에는 이런 상품을 만들어보면 어떨까요?", "제가 외국에 나가서 이런 상품을 봤는데 이건 좀 어때요?" 라고 제안하면 라이선시는 정말 좋아합니다.

라이선시는 그 작가의 캐릭터 말고 다른 캐릭터와도 계약했을 거예요. 4~5개의 캐릭터를 쓰고 있는데 '알아서 하겠지' 라며 그저 손 놓고 있는 작가보다 계속 아이디어를 내서 새로운 제안을 주는 작가가 훨씬 고맙죠.

"네가 뭔데 우리 사업에 감 놔라 배 놔라 하는 거야?"라고 말하는 라이선시는 본 적이 없어요.

MD 담당자들은 상품을 좋아하기 때문에 새롭고 흥미로운 상품과 아이디어에 목말라 있어요.

기업도 개발 예산을 잡아놨으니 획기적인 상품을 하나라도 더 만들어야 해요. 특이해야 상품이 팔리니까. 매출을 올리려면 아이디어 상품을 내놔야 하는데 작가가 팁을 주고 제안하면 담당자는 고마울 수밖에 없죠.

캐릭터는 만든 작가가 제일 잘 알아요. 그러니 아이디어를 적극적으로 제안하세요. 그래야 계약 기간이 1년에서 3년, 5년으로 늘어날 수 있어요. 다만 상품 분야는 라이선시가 전문가인 만큼 상대의 의견을 존중하는 태도를 잃지 마세요.

디자인 검수 과정에서도 시간을 많이 잡아먹으면 안 돼요.

디자인 검수는 라이선시가 만든 상품에 내 캐릭터

가 의도한 대로 잘 나왔는지 확인하는 거예요. 여기에는 상품에 적용된 캐릭터 디자인은 물론 상품에 대한 검수도 포함돼 있어요. 브랜드의 철학이 상품에 잘 스며들었나 하는 걸 보는 최종 심사인데 캐릭터의 정체성을 훼손하는 사례들을 골라내는 과정인 만큼 이 부분도 상당히 중요합니다.

라이선싱 사업은 하나의 캐릭터를 수십 개의 라이선시가 나눠 쓰는 구조예요. 그래서 한 곳이 실수하면 다른 곳의 상품에 영향을 미쳐요.

디자인 검수는 이러한 실수를 미리 골라내 마치 한 회사에서 나오는 것처럼 상품을 만들기 위한 과정이니 신경을 쓰지 않을 수 없겠죠?

그렇다고 거기에 시간을 많이 쏟으면 곤란해요. 라이선시가 계획대로 상품을 출시할 수 있도록 도와야 상생하는 협업 관계가 유지될 수 있어요.

외국계 캐릭터들은 일반적으로 한 달에 한 번만 검수를 보냅니다. 해외에 있는 본사가 작업 편의성을 위해 한 달에 한 번만 보내라고 해요. 뭐라도 한 번 왔다 갔다 하면 두 달이 훌쩍 지나갑니다. 그러면 석 달 전에 보낸 디자인이 확인이 끝났다고 연락이 와요.

작가가 한국에 있으면 그럴 필요가 없겠죠. 최대한 빨리 디자인 검수를 마쳐 라이선시에게 수정 여부를 통보해 줘야 합니다.

디자인 검수 시한은 당일이어야 한다고 저는 주장해요. 라이선시가 상품을 제때 출시하게 하려면 검수 요청이 들어온 지 24시간 안에 무조건 검수 결과를 알려주는 게 좋습니다.

캐릭터 작가 생존전략 34

초판인쇄 2024년 7월 10일
지 은 이 goose
디 자 인 장은서, 장민서
펴 낸 곳 이음S&C
출판등록 2020년 8월 3일 제 406-2020-000087호
주　　소 경기도 파주시 문산읍 말우물길 31-16
인쇄제작 한길프린테크
E-메일 eumsnc@naver.com
SNS instagram.com/eumsnc, twitter.com/eumsnc
ISBN 979-11-988277-9-1

ⓒ 이음S&C, 2024

이 책은 저작권법에 따라 보호받는 저작물이므로 무단 전재와 복제를 금합니다. 이 책 내용의 전부 또는 일부를 사용하려면 반드시 저작권자와 이음S&C의 동의를 받아야 합니다.